EVANGELIO DE TOMÁS

PRIMERA EDICIÓN: SEPTIEMBRE DE 2024

© 2024 DÍDIMO JUDAS-TOMÁS
© 2024. DE LA INTRODUCCIÓN: JAVIER LANTERO

© EDITORIAL NOUS
CAMINO DE ZAGÁN, 9
28694 SIERRA OESTE DE MADRID
EDITORIAL@DHARANA.ORG

ISBN: 978-84-124295-9-6
DEPÓSITO LEGAL: M-17455-2024

PRODUCCIÓN: NOUMICON

Impreso en España. Printed in Spain

WWW.EDITORIALNOUS.COM
WWW.DHARANA.ORG

"Esta obra ha recibido una ayuda a la edición del Ministerio de Cultura"

EVANGELIO
DE
TOMÁS

LAS ENSEÑANZAS DE JESÚS
SOBRE LA NO DUALIDAD
EN EL EVANGELIO DE TOMÁS

JAVIER LANTERO

EDITORIAL

ÍNDICE

LAS ENSEÑANZAS DE JESÚS SOBRE LA NO DUALIDAD EN EL EVANGELIO DE TOMÁS

JAVIER LANTERO

0. SINOPSIS 13

I. INTRODUCCIÓN 17

II. ACLARACIONES PARA LA COMPRENSIÓN DE ESTE ESCRITO 24

III. EL REINO. LA BÚSQUEDA Y EXPERIENCIA DEL REINO. *Padre nuestro que estas en el cielo, santificado sea tu nombre, venga a nosotros tu Reino* 30

    INICIO 30
    EL REINO DE DIOS 31
    OTRAS CONSIDERACIONES SOBRE LA REALIZACIÓN DEL REINO 36
    LA MISIÓN QUE JESÚS ASUMIÓ 37
    LO QUE JESÚS NOS EXHORTA A BUSCAR Y ENCONTRAR 40
    ES FÁCIL NO DARSE CUENTA Y NO BUSCAR 42
    LOS REGALOS DEL ESPÍRITU 44

IV. EL REINO. COMPLETANDO LA NO DUALIDAD. *Hágase tu voluntad en la tierra como en el cielo* 47

V. EL CAMINO HACIA EL REINO. *El pan nuestro de cada día dánosle hoy* .. 52

VI. CONSIDERACIÓN COMPLEMENTARIA 58

VII. FINAL. *No nos dejes caer en la tentación* 61

PALABRAS DEL AUTOR 68

EL EVANGELIO DE TOMÁS

NOTA DEL EDITOR 73

ANEXOS

SOBRE ROBERTO PLA 141
ALGUNAS RESEÑAS 151
ORACIÓN DE LA UNIDAD 156

"Por lo tanto, como parece, es la más grande de todas las disciplinas conocerse a sí mismo, pues cuando un hombre se conoce a sí mismo, conoce a Dios".

PEDAGOGO III, I, CLEMENTE DE ALEJANDRÍA

Las enseñanzas de Jesús sobre la no dualidad en el Evangelio de Tomás

Javier Lantero

0. Sinopsis

El Evangelio de Tomás (EdT) consta de 114 Dichos de Sabiduría atribuidos a Jesús. Fue recuperado en unas excavaciones en 1945, siendo la datación del pergamino encontrado del año 300 aproximadamente. Al parecer, no ha sido conocido en todo este largo intervalo de tiempo. Parece que su antigüedad es comparable a la de los Evangelios Canónicos y que pertenece a la tradición apostólica.

El EdT es insistente en que estamos llamados a experimentar la Luz que nos constituye. Esta Luz, que es el Reino, está presente en Todo. Citamos, como ejemplo, algún Dicho:

En el Dicho 77, Jesús, como Cristo encarnado, dice: *Yo soy la Luz que está sobre todos ellos. Yo soy el Todo [...] hendid la madera: yo estoy allí; levantad la piedra, y me encontraréis allí.*

Jesús ha dicho: [...] *el Reino está dentro y fuera de vosotros* [...] (Dicho 3) y [...] *el Reino del Padre está esparcido sobre la tierra y los hombres no lo ven* (Dicho 113).

Jesús ha dicho: [...] *Hemos venido de la Luz; allí donde la Luz ha nacido de sí misma* [...] *Somos sus hijos y somos los elegidos del Padre Viviente* (Dicho 50).

Jesús ha dicho: Cuando engendréis esto (consciencia de vida del *sí mismo*) *en vosotros, lo que tenéis os salvará. Si no tenéis esto en vosotros, lo que no tenéis os hará morir* (Dicho 70).

El Evangelio considera que la luz en el ser humano es su auténtico *sí mismo*. En este escrito se propone que esta luz procede de una Luz o Atención Divina mediada por el cerebro/organismo. Se apunta también a que el paradigma materialista respecto del origen o causa de la consciencia no está comprobado científicamente y que tal paradigma no parece compatible con una concepción espiritual o trascendente del ser humano.

La infinidad de contenidos mentales que han sido adquiridos a lo largo de la vida son los que tapan la Luz, que es su base y fundamento. En la medida en que podemos apartar los contenidos mentales, va mostrándose la Luz.

Acceder a la experiencia de la Luz implica un acto de voluntad en el presente. Esta es una primera entrada al Reino, pero la intensidad de la experiencia a la que se puede llegar es muy diversa. Se puede experimentar desde la dualidad, es decir, desde un yo psicológico que se hace consciente de su atención, de su acto de percepción en el ahora, o bien, llegando hasta trascender la dualidad, cuando la mente está silenciada y la Luz la inunda: Uno es Ella.

La consciencia de la luz, de la atención que nos permite conocer cualquier cosa o asunto, es el *tesoro, el misterio oculto,* al que se refieren las escrituras. *Jesús ha dicho: Conoce lo que está delante de tu rostro y lo que está oculto te será revelado; porque nada hay oculto que no pueda ser manifestado* (Dicho 5). La referida consciencia es un aspecto fundamental de la superación de la dualidad, puesto que implica entrar en conocimiento de lo que verdaderamente *es* en nosotros.

La experiencia de la Luz nos cambia el yo psicológico "sin saber cómo" (Mc. 4, 27) al recibir los Frutos y Dones del Espíritu. Esta armonización es también superación de la dualidad sobre la que el EdT es insistente, por ejemplo: [...] *cuando hagáis del dos uno, y cuando hagáis lo que está dentro* (luz, sí mismo) *como lo que está fuera* (mente, yo psicológico) *y lo que está fuera como lo que está dentro... entonces entraréis en el Reino.*

El Reino es, pues, un estado de presencia en la Luz, que es uno mismo, así como de armonización del yo psicológico con lo que proviene de Ella. El EdT alude al Reino como una situación de *descanso* o *reposo* (Dichos 60 y 90). Cynthia Bourgeault escribe: "con la unificación nuestro ser interior descansa y esa apacibilidad fluye hacia el mundo exterior como sabiduría y compasión".

De la unión que todos tenemos en la Luz del Reino procede el principal mandamiento: *Jesús ha dicho: Ama a tu hermano como a tu alma; vela por él como la niña de tu ojo* (Dicho 25).

En el EdT Jesús nos indica los caminos que hemos de allanar para facilitar la experiencia del Reino. En este escrito los hemos agrupado bajo las rúbricas de "Atención", "Desprendimiento" y "Limpieza de Corazón". Jesús también nos previene de lo fácil que es perder el camino y/o ser devorados por el mundo.

Jesús quiso acercarnos el Reino: *He venido a traer un fuego sobre el mundo y he de preservarlo hasta que lo incendie* (Dicho 10). Y también: *Os daré lo que el ojo no ha visto, lo que la oreja no ha oído y lo que la mano no ha tocado ni ha llegado al corazón del hombre* (Dicho 17).

Termino el escrito con una cita del libro de Roberto Pla que se refiere al reconocimiento de Jesús como Cristo encarnado y también al del Cristo preexistente, universal y eterno:

[...] "Aunque ambos son uno solo, si se quiere entender al Cristo completo, no es posible prescindir del Cristo que desde el principio y desde que existió el primer hombre sobre la tierra yace olvidado, desconocido, crucificado en el interior de cada hombre, y que solo espera para revelar su presencia inmortal, divina, inseparable, ser invocado por el amor y la fe. Entonces llegará al interior de cada hombre la bienaventuranza verdadera de su resurrección".[1]

1 Pla Sales, R., (2018). "El Hombre Templo de Dios Vivo, exégesis oculta de la religión de Cristo a partir de comentarios al Evangelio según Tomás". Málaga, Ed. Sirio, pág. 41.

I. Introducción

El EdT es uno de los cincuenta y tres tratados que fueron hallados en 1945 cerca de la población egipcia de Nag-Hammadi y de un antiguo cenobio cuyos monjes fueron, con toda probabilidad, quienes los escondieron cuidadosamente en una tinaja.[2]

Las razones de ello posiblemente tienen que ver con que su marcada orientación hacia la transformación personal no estaba alineada con la manera de entender el mensaje cristiano en los tiempos del Concilio

2   La historia de este evangelio no es un aspecto esencial de este escrito, por lo que me he limitado a hacer una síntesis de lo que me ha parecido más relevante, tras consultar varias fuentes. Un buen y ameno relato de su apasionante historia se puede encontrar en el libro de Elaine Pagels, *Los Evangelios Gnósticos* (1996, Ed. Crítica), entre otros muchos lugares.

Al llamarlo "Evangelio de Tomás", sin calificar al apóstol de santo, se sigue la costumbre establecida de "nombrar" como santos solo a los autores de los Evangelios Canónicos, a pesar de ser Tomás un santo reconocido. La lectura del libro "El hombre templo de Dios vivo, exégesis oculta de la religión de Cristo a partir de comentarios al Evangelio según Tomás", de Roberto Pla Sales, fue para mí un gran descubrimiento, tanto por el propio evangelio como por sus comentarios. Estas páginas quieren recordar y agradecer su importantísima contribución al esclarecimiento del mensaje cristiano. No obstante, este escrito no está basado directamente en ese texto y solo pretende ser una introducción general al EdT.

de Nicea (325 d. C.) y de la conversión del Emperador Constantino. La Iglesia tuvo en ese tiempo una deriva autoritaria en la que se propició la interpretación literal de los textos, las creencias y los preceptos, lo ritual y los aspectos morales. El caso es que el EdT, que había circulado normalmente hasta entonces, desapareció tan completamente que, cuando se estableció el Canon en el Concilio de Trento (1546), no se encuentra en las discusiones preliminares ninguna mención a él. Era desconocido.[3]

El manuscrito encontrado del EdT, en copto, data de la segunda mitad de siglo III. Se piensa que es traducción de otro anterior en griego, que incluso es posible que proviniese de otro precedente en arameo. La datación de la primera versión del evangelio propiamente no es clara, si bien me ha parecido que hay cierto consenso entre los investigadores en situarla entre 60 y 140 d. C., aproximadamente coincidente con la de los Evangelios Sinópticos.

Hay quien opina que su estilo literario revela un mayor parecido con la fuente de los Evangelios Sinópticos (Fuente Q), lo que podría indicar una fecha anterior a la mencionada y constituir una primera exposición del mensaje cristiano.

---

3 Jesús nos previene de este riesgo. En el EdT lo menciona en el Dicho 39: *Los fariseos y los escribas han recibido las llaves de la ciencia* (gnosis) *y las han ocultado. No han entrado ellos y a los que querían entrar no les han dejado* [...] Algo semejante expresa el Dicho 102 y en Mt. 23, 13; y Lc. 11, 52.

Como dice Roberto Pla: "No sin cierta precipitación fue clasificada desde el primer momento como gnóstica la totalidad de la biblioteca de Nag-Hammadi, pero posteriormente, a medida que han ido saliendo a la luz algunos tratados de la colección, se ha visto la imposibilidad de adscribir todas las obras a una sola corriente de pensamiento cristiano".[4] Y, de hecho, tanto sus consideraciones como las de muchos de los investigadores posteriores convergen en atribuir este evangelio a la tradición apostólica. Su importancia para comunicar el mensaje cristiano también viene siendo crecientemente resaltada, puesto que desarrolla, aún más que los Evangelios Canónicos, su esencia interiorizada y contemplativa.[5]

---

4 Op. Cit. pág. 37.
5 Es de resaltar los numerosos y prestigiosos investigadores que han trabajado sobre este evangelio y que le otorgan una importancia fundamental. Por ejemplo, el Dr. Thomas Paterson cita a Helmut Koesler, de la Facultad de Teología de Harvard y Presidente de la Sociedad de Literatura Bíblica de EE.UU diciendo que: "Casi todos los especialistas en la Biblia en EE.UU están de acuerdo en que el Evangelio de Tomás es tan fehaciente como los evangelios del Nuevo Testamento", y escribiendo que "Hay que conceder una autoridad igual al Evangelio de Tomás que a los Evangelios Canónicos, en un intento de reconstruir los orígenes del cristianismo" ((Paterson, T., (2009) *Metálogos*. Málaga, Ed. Sirio, págs. 27 y 28). Algunos autores, como Stephen J. Patterson, Hans-Gebhar Bethge y James M. Robinson, en su obra conjunta, lo denominan "Quinto Evangelio" (Patterson, S.J., Bethge, H. and Robinson, J.M. (1998) *Fifth Gospel: The Gospel of Thomas Comes of Age*. Trinity Press International).

En cuanto a la autoría, no hay claridad. Algunos piensan que se trata de Dichos de Jesús mantenidos en la tradición oral y posteriormente recogidos. Otros la atribuyen al propio apóstol o a su escuela y también los hay que ven en el EdT cierta influencia oriental, consecuencia de su legendaria migración a India.

El EdT consta de 114 Dichos o Logia de sabiduría de Jesús, algo más de la mitad de los cuales coinciden en contenido con los Evangelios Canónicos, pero no relata su vida, milagros, muerte y resurrección. El mensaje fundamental que lo inspira es la presencia de la Luz en el mundo y en el ser humano, y el proceso de llegar a hacerla manifiesta en él. En este aspecto tiene una semejanza especial con los escritos de San Juan.

Los Dichos del EdT tienen un estilo muy cercano o íntimo (Dicho 62) que hace pensar en las enseñanzas "en privado" a las que los Evangelios Canónicos se refieren (Mc. 4, 34; Mt. 13, 11; Lc. 8, 10), y en este sentido los complementan perfectamente.

El Incipit del Evangelio dice así:

He aquí las palabras ocultas de Jesús el Viviente y que ha trascrito Dídimo Judas–Tomás.

La expresión "Jesús el Viviente" indica la condición de Vida plena, una con el Cristo eterno, el Verbo de Dios.

Que las palabras sean ocultas o secretas se presta a diferentes lecturas. Por un lado, como pone de manifiesto Roberto Pla, las palabras son ocultas "[...] porque la interpretación verdadera no se da a conocer ni se deja sentir con facilidad... porque se refieren al misterio de Dios, el de Cristo Vivo, *en quien se hallan ocultos todos los tesoros de la sabiduría y del conocimiento* (Col. 2, 3). Nuestra conciencia habitual está tan recubierta de *obras muertas* (Heb. 9, 14), esto es, de condicionamientos, de temporalidad, de interpretaciones erróneas, de ignorancia, que impiden la recta y libre contemplación del Viviente del que cada uno de nosotros ha sido constituido [...]".[6] Y es esa contemplación la que permite la interpretación verdadera de las metáforas que expresan las palabras, que debe ser vivencial o experiencial, no puramente intelectual.

Nada hay oculto que no pueda ser manifestado y *el que tenga oídos para oír, que oiga*, son las exhortaciones más frecuentes en el EdT, que también están presentes en otros evangelios. Ambas parecen señalar a algo que no es evidente, pero que es importante, cuyo descubrimiento implica una toma de conciencia inhabitual, diferente.

San Pablo dice que el Reino es [...] el *misterio oculto desde siglos y generaciones de Cristo en nosotros, la esperanza de gloria*[7] [...] y que [...] *vuestra vida esta oculta con Cristo en Dios* (Col. 1, 26-27; Col. 3,3). El EdT se refiere

6 Op. Cit. pag. 47.
7 San Pablo se refiere con frecuencia al Cristo preexistente y eterno, exteriorización o gloria de Dios, con un sentido semejante a Luz en el EdT o en San Juan.

al Reino como [...] *el tesoro oculto que siempre permanece,* y como *la piedra angular desechada por los constructores* (Dichos 66 y 76), expresiones que se repiten en otros evangelios y que insisten en la naturaleza no evidente ni expresable del Reino.[8]

Por otro lado, Roberto Pla indica que, al ser palabras de Jesús el Viviente, es decir, de una conciencia psíquica completamente trascendida, es posible suponer que no fueran palabras expresadas en un lenguaje humano, sino *"ideas* indivisibles, no fraccionadas", y por ello tuvieron que ser transcritas, con frecuencia en parábolas, por un gemelo (es lo que significa *dídimo)* que mantenía la dualidad. Esto es lo que representa el nombre de Judas añadido al del discípulo Tomás, según explica Roberto Pla.

Sea como fuere, es una casualidad notable que este evangelio se descubriera, reapareciera, tras la Segunda Guerra Mundial, aproximadamente al mismo tiempo en que el teólogo Karl Rahner S. J. hizo su conocida predicción: "El cristiano del futuro será místico/contemplativo o no habrá cristianos", porque las enseñanzas del EdT reiteran y clarifican la orientación introspectiva del mensaje de Jesús.

En las páginas que siguen trataré sobre el sentido de este evangelio utilizando para

---

8 "Entréme donde no supe/ y quedéme no sabiendo/ toda ciencia trascendiendo". Así comienza el poema de San Juan de la Cruz.

ello algunos de sus Dichos. Se trata solo de un trabajo de aproximación, pues no me siento cualificado para realizar un estudio de mayor profundidad. Lo emprendo con el espíritu de unirme a la corriente de actualización del mensaje de Jesús y con el convencimiento de lo mucho que a este respecto aporta el EdT. También sirva como excusa para dar a conocer el importante libro de Roberto Pla, al que me he referido.

II. Aclaraciones para la comprensión de este escrito

Estas aclaraciones reflejan la comprensión aproximada o composición de lugar a la que he llegado en un tema que es especialmente difícil (ver Chalmers y Koch, el "problema difícil" de la consciencia). Compartir ese entendimiento me parece muy conveniente (o necesario) para acercarnos a la interpretación de algunos de los Dichos y, en general, al mensaje espiritual, pero no pretendo argumentar sobre su corrección.

El origen o causa de la atención (y de la consciencia) en el ser humano es en nuestros tiempos un asunto controvertido. El paradigma científico dominante es eminentemente materialista y considera que la consciencia es un epifenómeno de la materia, del cerebro. Sin embargo, esta premisa no está basada en hechos comprobados.

No hay duda de que en nuestra consciencia habitual interviene el cerebro, pero la cuestión es si este órgano (y quizá también otros) es un interfaz, un sintonizador o filtro, a través del cual actúa en nosotros un elemento espiritual, cósmico, que es el que aporta la base y las facultades fundamentales para que, posteriormente, se pueda formar la consciencia de contenidos, más relacionada con lo que llamamos mente, siendo parte de esta, el yo psicológico o habitual.

Nuestro punto de partida es que tal elemento cósmico existe y que esta premisa es necesaria para cualquier consideración trascendente del ser humano. En el EdT y en San Juan, frecuentemente, le llaman Luz, pero dentro del contexto cristiano se le denomina de esta y de otras maneras, como veremos. En este escrito lo denominaré "Luz" o "Atención" (como califican a Dios Simone Weil y Dietrich Bonhoeffer), que son el denominador común de la experiencia de todo "nombre" que demos a tal elemento. Correspondientemente, la "luz" en el ser humano es su "atención", que es la denominación que damos a la facultad que da lugar a contenidos en la consciencia. La atención humana proviene de la Luz o Atención divina "filtrada" por nuestro cerebro/organismo. Evidentemente, la calidad/condiciones del "filtro" afecta a la capacidad de luz/atención y de consciencia de que dispondremos.

Podemos comparar la luz/atención con la luz habitual, en cuanto que ambas nos permiten "ver" aunque no son perceptibles en sí mismas, y a la consciencia con la pantalla en la que aparecen los contenidos. La mente está formada por los contenidos y una mente sin contenidos no existe como tal, es luz/atención que trasluce la Luz/Atención que es Dios. Por ello, es muy importante señalar dos aspectos:

1. La luz/atención nos pasa normalmente desapercibida y solo nos damos cuenta de los contenidos en la consciencia.
2. La consciencia habitual, nuestra mente, implica dualidad, separación. Uno tiene consciencia de algo. Hay un sujeto o un yo que percibe y un objeto o tema que la conciencia capta.

A la consciencia de la atención, de nuestra luz, podemos acceder desde nuestra consciencia y manteniendo la dualidad. Me doy cuenta en el presente de lo que percibo (sea un objeto o un contenido mental) y de mí como sujeto de esa percepción. Me hago consciente de que estoy percibiendo con mi luz/atención. Tener esta experiencia requiere normalmente un acto de voluntad en el presente, en el ahora. Entiendo que la frase atribuida a Santa Teresa de que "Dios está entre los pucheros" se refiere a ella.

Esta presencia nos permite ser dueños de nuestros actos y experimentar la libertad para llevarlos a cabo. También puede actuar como "guardiana" del contenido de nuestra mente, tanto de los estímulos externos a los que asentimos como de los pensamientos y sentimientos que acogemos. La presencia, la consciencia de la luz/atención que da lugar a lo que hay en mi mente en el presente, rebaja la dominancia del yo psicológico y su tendencia al automatismo.

En la medida en la que, ejercitando nuestra luz/atención, se van apartando los contenidos de nuestra mente (hay muchos métodos o maneras de hacer esta práctica), su progresiva limpieza va dando lugar a que la Luz/Atención se vaya transparentando con creciente intensidad. La experiencia es que vamos accediendo a una Luz/Atención que está "ahí" y que en nuestras manos solo hay un pequeño timón (cada vez más pequeño) para ir entrando en ella. Si el proceso se intensifica hasta el punto de que deja de haber dualidad (mente observadora), queda una Luz/Atención plena que se experimenta a sí misma, como dice el Salmo: *En tu luz vemos la luz* (Sal. 36, 9). Ya no hay dualidad, uno es Ella.

Como veremos más adelante, Jesús nos pide que recuperemos la capacidad para experimentar la Luz/Atención, limpiando nuestra mente de contenidos: *Estos pequeños que maman son semejantes a los que entran en el Reino* (Dicho 22).

El niño recién nacido no viene con pensamientos, proyectos, hábitos, problemas, ni se siente separado, sino con una atención abierta y una consciencia limpia, llena de potencialidades, además de los instintos y reflejos necesarios para la supervivencia. Los contenidos formados de la consciencia, que son los que claramente tienen base cerebral u orgánica, son mínimos en él. Luego, la vida (las experiencias, la educación etc.) va formando una mente, un yo psicológico, con un sentido de identidad separado y una tendencia autorreferencial. El yo psicológico no solo depende de factores como la edad, la cultura, las experiencias o la educación, también cambia fácilmente de humor/opinión según los estímulos y circunstancias. No es una entidad estable.

Como he dicho, la luz/atención con la que percibimos el mundo, dando lugar a nuestra consciencia habitual, sería como un eco, mediado por el cerebro, de su fuente original de Luz/Atención. Y si bien nuestra consciencia habitual la ejercemos desde un yo psicológico, una mente, variable en función de circunstancias y estímulos, la Luz/Atención que le da existencia es permanente e individual, como veremos, y por ello podemos decir que es nuestra verdadera identidad. Como dijo Teilhard de Chardin, "No somos seres humanos viviendo una experiencia espiritual, somos seres espirituales viviendo una experiencia humana".

Quienes más certeza tienen sobre la Luz/Atención son, claro, los que la experimentan plenamente, y dicen: "Soy", "Eso

Soy", "Dios es el centro de mi alma", "Cristo en mí", "pura Atención o Luz", "Silencio", así o de manera semejante lo expresan. Este es el conocimiento fundamental de uno mismo al que estamos llamados porque, como dice Jesús: *Aquel que conoce todo estando privado de sí mismo está privado del Todo* (Dicho 67). Los variadísimos contenidos de nuestra mente son "todo", y existen para nosotros gracias a la luz/atención que los hace conscientes. El Todo incluye algún grado de conocimiento experiencial de esa luz/atención, o de la Luz/Atención (la frontera puede ser borrosa) que es el *"sí mismo"* que menciona el Dicho.

La potencialidad para experimentar la Luz/Atención siempre está en nosotros porque, de hecho, es lo que somos. Podemos hacerlo desde la dualidad, mediante una práctica de la voluntad que nos mantenga en el presente. El camino hacia la experiencia no dual de la Luz/Atención es el de allanar o reducir los obstáculos de la mente y, entre ellos, la falsa noción mental de que no estamos en ella. Como dice Ramana Maharshi, el objetivo de la práctica es la eliminación de la ignorancia, no la consecución de la Realización. La Luz/Atención es permanente, está siempre presente, ahora y aquí, porque es eterna.[9]

9   Para más información sobre el tema, consultar *www.galileocommission.org*. En mi libro *Una imagen del ser humano*, (2019, Ed. Nous), lo traté con mayor extensión, pero hay muchas referencias muy solventes sobre este importante asunto. Una clásica es *El maestro y su emisario*, de Iain Mcgilchrist.

III. El Reino. La búsqueda y experiencia del Reino

Padre nuestro que estás en el cielo, santificado sea tu nombre, venga a nosotros tu Reino...

Inicio

Desde el principio, en el Dicho 1, el EdT nos plantea un reto fuerte: *El que encuentre la interpretación de estas palabras no gustará la muerte,* en el Dicho 2 se nos advierte de la necesidad de un compromiso personal: *El que busca no debe cesar de buscar hasta que encuentre,* y en el Dicho 94 encontramos una promesa: *El que busque encontrará y al que llame se le abrirá.*

El Dicho 1 no se refiere a una comprensión intelectual, sino a la vivencia o experiencia que Jesús llama "el Reino de los Cielos" o "de Dios", que es la que Él proclamó y acercó, según la fe cristiana. A ella apuntan todos los evangelios. Quien experimenta el Reino, la Vida, la Luz, sabrá que esa Luz no muere y la muerte corporal perderá su aguijón (1 Cor. 55).

El Reino de Dios

San Juan dice: *Dios es Luz y en él no hay tiniebla alguna* (1 Jn. 1, 5) y también: *Es [...] la Luz verdadera que ilumina a todo hombre cuando viene a este mundo* (Jn. 1, 9). En el Dicho 50 del EdT Jesús dice: *[...] Hemos venido de la Luz, allí donde la Luz ha nacido de sí misma* [...] *Somos sus hijos y somos los elegidos del Padre Viviente.* El foco principal y reiterado de este Evangelio es la realización de esa Luz. Por ejemplo, en el Dicho 24 Jesús contesta a sus discípulos, que le interrogan sobre dónde buscar: *[...] ¡Que el que tenga oídos oiga! Hay Luz en el interior de un hombre de Luz, e ilumina al mundo entero. Si él no ilumina, son las tinieblas.* También nos dice: *Cuando engendréis esto en vosotros, lo que tenéis os salvará. Si no tenéis esto en vosotros, lo que no tenéis en vosotros os hará morir* (Dicho 70).

"Esto", en el Dicho 70, es la Vida del núcleo espiritual de Luz/Atención que nos constituye, el *sí mismo* (Dicho 67) oculto, sepultado, al que nos corresponde dar vida. Es Cristo en nosotros en espera de su gloriosa manifestación (Gal. 4, 19), el interior del que manan *fuentes de agua viva* (Jn. 7, 38).

La Luz irradia de quien la reconoce y cultiva como su *sí mismo*. Esta realización es el eje del mensaje cristiano, como lo expresa, por ejemplo, San Pablo al decir que sufre [...] *dolores de parto hasta ver a Cristo formado en vosotros* (Gal. 4, 19) porque somos

[...] *templos de Dios, y su Espíritu mora en nosotros* (1 Cor. 3, 16).

En el Dicho 3 del EdT, Jesús dice: *El Reino está dentro y fuera de vosotros,* y en el 113, [...] *el Reino del Padre está esparcido sobre la tierra y los hombres no lo ven.* El Reino en la consciencia humana tiene que ver, en una primera instancia, con cierto grado de experiencia de la Luz o Atención que nos constituye y que emana de Dios, que es pura Luz o pura Atención.

Todo lo que llega a nuestra consciencia es percibido por la luz de la atención (aunque esta sea muy abierta y no intencional) y la luz/atención mediada por el cerebro/organismo tiene su fuente en la Luz/Atención divina. Sin embargo, la luz/atención por la que conocemos todo (Dicho 67), nos suele pasar desapercibida.

Pero, como se menciona, *el Reino del Padre,* la Luz/Atención de nuestro *sí mismo,* que *está dentro,* está también *esparcida* en toda la creación. San Pablo se refiere a ella como Cristo: *Por Él fueron creadas todas las cosas en el cielo y en la tierra, todo lo visible y todo lo invisible* porque *"Cristo es el Todo y en todos"* (Col. 3, 11), y San Juan lo hace en términos de Palabra o Verbo: [...] *por el que todo fue hecho* (Jn. 1, 3). En el EdT, Jesús, como Cristo encarnado, dice: *Yo soy la Luz que está sobre todos ellos. Yo soy el Todo. El Todo ha salido de mí y el Todo ha llegado a mí. Hendid la madera:*

yo estoy allí; levantad la piedra y me encontraréis allí". (Dicho 77). El mundo, la creación, es manifestación de la Realidad, del Todo, que está presente en todo y es nuestro *sí mismo* (Dicho 67).

Desde esta perspectiva, más comprehensiva que la anterior, también verificamos el Dicho 113: [...] *el Reino del Padre está esparcido sobre la tierra* (integrado en la creación) *y los hombres no lo ven.* Como refiere San Lucas: *si los seres humanos callan, las piedras proclamaran la grandeza de Dios* (Lc. 19, 40). La inefable grandeza de la naturaleza, de la creación, Le proclama en un Alguien (presente) que sabe contemplarla y se sabe conocedor. El Reino es *el tesoro oculto que siempre permanece, la piedra angular descartada por los constructores.* Lo más omnipresente es lo que menos se ve.

El Reino en plenitud en la consciencia humana implica la experiencia sin dualidad de la Luz/Atención. La consciencia inundada o devenida en Luz/Atención es de Ser, de ser en Dios o en Cristo, de Silencio (es decir, atención sin contenidos, pura atención), de Puro Don o Fuerza que engendra Amor (ver el capítulo VII, "Final"). Esta es la unión con el Padre que Jesús le pedía que fuera accesible para todos. Es la Paz que Jesús nos deja y nos da (Jn. 14, 27), la que en el EdT anuncia con las palabras *reposo* (Dicho 90) y *descanso* (Dicho 60), como veremos.La profundidad de la experiencia de plenitud es sin límite[10] .

Aunque la Realidad (Todo) y la experiencia del Reino en plenitud es no dual, en nuestra vida cotidiana podemos tomar consciencia de la luz/atención más fácilmente desde una dualidad, siendo testigos de que en ella (parafraseando a San Pablo) nos movemos, existimos y somos, desde un yo psicológico que mantiene consciencia de sí mismo. Esto implica una voluntad consciente en el ahora (también llamado "recuerdo de sí") que establece una instancia observadora respecto del contenido mental. Mantener esa instancia requiere normalmente práctica. Llevada a cabo con asiduidad constituye la denominada Oración Continua. La recomendación evangélica de *velad* demanda presencia en la consciencia.

El Reino como consciencia de la Luz/Atención, es una realidad que podemos experimentar en una gradación ilimitada: De la luz/atención (en la dualidad) a la Luz/Atención (sin dualidad), pero en todo caso, estas experiencias se mueven en el entorno de la no dualidad, en cuanto que en ellas la consciencia de la Atención, de la Luz, está presente en algún grado.

---

10 Mary Oliver, en su poema "Entrando en el Reino", describe maravillosamente la vivencia. Cito la parte central: "El sueño de mi vida/ es descansar junto a un río que discurre lento/ y contemplar la luz en los árboles... Aprender algo siendo nada/ solo permanecer un tiempo/ en la rica lente de la atención". Oliver, M., (2023), *Devotions: Selected poems of Mary Oliver*. Corsair Poetry.

La experiencia de la luz/atención, en el grado que fuere, transforma "sin saber cómo" (Mc. 4, 27) nuestro yo psicológico habitual en congruencia con los regalos que del Espíritu provienen (ver más adelante). Esta armonización es también una no dualidad propia del Reino. Como se dice en la Oración de la Unidad, en el apéndice sobre Roberto Pla: *"Que nuestros pensamientos, palabras y actos sean siempre Sus pensamientos, Sus palabras y Sus actos".*

Roberto Pla expone con claridad y maestría:

..."la proclamación de la Buena Nueva, el tiempo que Jesús anuncia que se ha cumplido, es el de enseñar públicamente que Dios y el *hombre esencial* no son dos cosas distintas, sino una sola identidad que hay que descubrir y reconocer. El tiempo de saber eso, que el Ser del mundo no es plural, que no es una dualidad, se cumplió, en efecto, para los conocedores del evangelio, hace veinte siglos y sigue vigente para todos los conocedores que han venido después. Incluso para los que ahora viven. El tiempo se ha cumplido. Dios y la esencia del hombre son una sola cosa, y ese es el conocimiento primero que enseña el evangelio, el conocimiento que abre las puertas del alma a los cambios de la redención".[11]

---

11 Op. Cit. pág. 849.

OTRAS CONSIDERACIONES SOBRE
LA REALIZACIÓN DEL REINO

Jesús nos explica que el "sí mismo" es semejante al *principio*, en el que hemos venido al mundo *vacíos* (Dicho 28) y dice: *Pues allí donde está el principio, allí será el fin. Bienaventurado el que se mantenga en el principio, pues conocerá el fin y no probará la muerte* (Dicho 18). El *principio* aludido lo representa el *niño que mama* (Dicho 22) pues, como hemos indicado, su consciencia, su mente, no tiene contenidos ni separaciones, su yo psicológico no está aún formado, es manifestación inmediata de la Luz/Atención (Jn. 1, 9). *Bienaventurado el que era antes de haber sido* [...][12] (Dicho 19), sigue aclarando Jesús.

En el Dicho 37 Jesús nos dice algo necesario: *Sus discípulos dijeron: ¿En qué día te revelarás a nosotros? ¿En qué día te veremos? Jesús dijo: Cuando dejéis vuestras vergüenzas, cuando toméis vuestros vestidos, los pongáis a vuestros pies como los niños pequeños y los pisoteéis; entonces veréis al Hijo de Aquel que está Vivo y no temeréis.* Abiertos y limpios de mente, Cristo se muestra en nosotros como manifestación o gloria del Padre, del que procede la Vida. Cuanto más libres del dominio y de la interferencia de la mente podamos estar, más cerca de la Luz del Reino.

12 Oportuna a este respecto es la cita que hace Richard Rohr en las Daily Meditations 6/5/24, de un pequeño fragmento de los *Cuatro cuartetos, parte IV*, de T. S. Eliot. No cesaremos de explorar/ Y el fin de todas nuestras búsquedas/ Será llegar adonde comenzamos/ Conocer ese lugar por primera vez.

LA MISIÓN QUE JESÚS ASUMIÓ

Jesús experimentó de manera paradigmática la Luz/Atención, Cristo, a la que llamó Padre [...] *me han sido dadas las cosas de mi Padre* [...] (Dicho 61), y como Cristo encarnado, dijo: Me *he mantenido en medio del mundo y me he revelado en la carne* [...] (Dicho 28). En Jesús, el Pleno Don que es el Padre es plena entrega o amor al prójimo en la unidad que todos compartimos. Su Presencia en el Padre y su Amor realizan sin dualidad el Reino que predica con su vida y con sus enseñanzas.

Jesús sintió dolor por nuestra ignorancia (Dicho 28) y tuvo la inquebrantable determinación de fortalecernos para que pudiéramos llegar a compartir su experiencia/conocimiento del Reino, y así lo expresó: *Os daré lo que el ojo no ha visto, lo que la oreja no ha oído y lo que la mano no ha tocado ni ha llegado al corazón del hombre* (Dicho 17). El *corazón* del hombre es su *sí mismo, la luz en el interior,* y lo que no ha llegado a él es la *abundancia de* su propia Vida, "esto", como señala el Dicho 70.

En el Dicho 108 Jesús nos invita a la posibilidad de una transformación completa: *El que abreve en mi boca se volverá como yo, y yo también me volveré él, y lo que está oculto se revelará.* El sentido es semejante a: *El que come mi carne y bebe mi sangre, en mí permanece, y yo en él. Como me envió el Padre viviente, y yo vivo por el Padre, asimismo el que me come, él también vivirá por mí* (Jn. 6, 56-57) o *y todo aquel que tenga esperanza en Él, se purifica* (mente limpia, sin contenidos) *a sí mismo, así como Él es puro* (1 Jn. 3, 3). Quien se alimenta de su luz interior, del Cristo eterno que nos constituye, se va transformando en Él.

En la misma idea de transformación y desarrollo Jesús dijo: *He venido a traer un fuego sobre el mundo y he de preservarlo hasta que lo incendie* (Dicho 10), y también: *Aquel que está cerca de mí, está cerca del fuego, y el que está lejos de mí, está lejos del Reino"* (Dicho 82). El fuego representa el conocimiento del Cristo preexistente y eterno que yace inconsciente, oculto, sepultado, en nuestro *sí mismo.* Jesús, como *unificado* (plenamente realizado en la Luz/Atención), nos promete que su espíritu será un *facilitador* (Jn. 14, 16) de nuestra metanoia hacia ese conocimiento, que es la unión con el Padre (Jn. 17, 21-23) y la realización del Reino.

Jesús nos invita a entrar en el Reino: *Venid a mí, pues mi yugo es bueno, y dulce es mi dominio; y hallaréis reposo para vosotros* (Dicho 90), y también [...] *buscad un lugar para vosotros en el descanso* [...] (Dicho 60). *La paz, el reposo, el descanso* es el necesario encontrarse a *sí mismo* (Dicho 67), el Reino, del que proceden los frutos y dones que transforman nuestra alma (entendida como sistema psíquico), como veremos.

Cuando Jesús dice: [...] *los zorros tienen madrigueras y los pájaros tienen nidos; pero el Hijo del Hombre no tiene lugar para apoyar la cabeza y reposar* (Dicho 86, Mt. 8, 20; Lc. 9, 58) se refiere a la inmaterialidad del Hijo del Hombre, *la luz en el interior* (Dicho 28), que no proviene de nada físico. Habitar en la plenitud de esa Luz es su hogar, su *reposo* y su *descanso*.

Una indicación interesante de la aportación de Jesús se expresa en el Dicho 46, en el que dice: *Desde Adán hasta Juan el Bautista* [...] *no lo hay más elevado que él, de modo que sus ojos no serán destruidos. Pero yo he dicho: Aquel que entre vosotros se vuelva pequeño conocerá el Reino y será más elevado que Juan* (Dicho 46). Jesús valida el modo de conocer de Juan el Bautista, pero señala a un conocimiento más completo que es propio del Reino. Este conocimiento está a las puertas, se ha vuelto más accesible y también Nuevo. Como dice San Pablo: *Pues por Él tenemos libre acceso al Padre en un mismo Espíritu* (Ef. 2, 18).

Jesucristo quiso acercarnos a la Vida en abundancia del Reino (Jn. 10, 10), vida de presencia y amor, con sus enseñanzas, diciéndonos que debemos buscar el pan nuestro de cada día (ver el capítulo V, "El Camino hacia el Reino") y prometiendo la presencia perdurable de su espíritu (ver el capítulo VII, "Final"). Con ello nos enseña y ayuda a dar sentido a nuestra vida y a cumplir el destino humano de realizar la Luz que esencialmente somos.

Lo que Jesús nos exhorta
a buscar y encontrar

En los Dichos 1, 2 y 94, ya mencionados, Jesús nos exhorta reiteradamente a buscar para encontrar el Reino. Otros Dichos nos insisten en que acceder al conocimiento/experiencia del Reino que está en nosotros es la tarea prioritaria de la vida porque en el Reino encontramos nuestro ser real (recordemos, por ejemplo, el Dicho 70 ya mencionado).

El Dicho 107 nos reitera esa prioridad: *El Reino es semejante a un pastor que tenía cien ovejas. Una de ellas, la más gruesa, se perdió. Él abandonó a las noventa y nueve y buscó la Única hasta encontrarla.*

A la tarea de encontrar y desarrollar en nosotros ese conocimiento/experiencia se refieren muchos de los Dichos, algunos directamente relacionados con conocimiento de nuestra interioridad o bien con la capacidad cognitiva (ambos apuntan a lo mismo), por ejemplo:

Dicho 3: [...] *Cuando os conozcáis a vosotros mismos, entonces seréis conocidos y sabréis que sois los Hijos del Padre Viviente; mas si no llegáis a conoceros, estaréis en la pobreza, seréis la pobreza.* Desde el inicio del Evangelio (Dicho 3), el foco está en la tarea.

Dicho 5: *Conoce lo que está delante de tu rostro y lo que está oculto te será revelado; porque nada hay oculto que no pueda ser manifestado.* Recordamos, [...] *el Reino está esparcido por toda la tierra y los hombres no lo ven.* Delante de nuestro rostro está la luz/atención inherente a nuestro *sí mismo* mediante la cual nos hacemos conscientes de todo, un todo que está permeado de realidad divina. Jesús nos exhorta a mantenernos en ese conocimiento, a *permanecer y velar* en él. Un conocimiento más intenso de lo que está delante de nuestro rostro implica progresar hacía una experiencia no dual de la Luz/Atención. Lo normalmente oculto, quedará entonces plenamente manifestado.

Dicho 15: *Cuando veáis al que no ha sido engendrado de mujer, prosternaos sobre vuestro rostro y adoradle: ese es vuestro Padre.*

Dicho 59: *Mirad hacia aquel que está vivo en tanto que vivís, por miedo a que muráis buscando verle y no le lleguéis a ver".*

Dicho 111: [...] *el Viviente salido del Viviente no conocerá ni muerte ni temor. Por eso dice Jesús: No es digno el mundo de aquel que se encuentra a sí mismo.* El Dicho 56 dice algo análogo: *El que ha conocido el mundo ha encontrado un cadáver y el que ha encontrado un cadáver, el mundo no es digno de él.*

Jesús nos previene reiteradamente de que no nos identifiquemos con las cosas del mundo: *Si no ayunáis del mundo, no encontraréis el Reino* (Dicho 27). Para quien celebra la Vida, el *sí mismo*, el mundo es apariencia con la que deja de estar identificado. De hecho, el mundo ya habrá cumplido su misión de despertarnos. En el Dicho 42 Jesús nos dice:

Sed transeúntes.[13] Volveré sobre este tema al tratar del Desprendimiento y en el apartado de Consideración complementaria.

Por supuesto, esto no quiere decir que no nos impliquemos en el mundo o que no lo disfrutemos, solo que lo hagamos desde otra perspectiva, con otro conocimiento, manteniendo la presencia e incorporando los frutos y dones que del Espíritu provienen. Los Dichos 33 y 73 aluden a ello.

Es fácil no darse cuenta y no buscar

Jesús nos previene de lo fácil que es, absorbidos por nuestra mente, que la presencia del Reino nos pase desapercibida o incluso nos sea hurtada por estímulos que acaparen nuestra luz/atención. También nos advierte con relación a la necesidad de un trabajo sobre nuestra interioridad para descubrirlo:

Dicho 97: *El Reino del Padre es semejante a una mujer que lleva una jarra llena de harina. Mientras anda por un camino lejano, el asa de la jarra se rompe y la harina se derrama detrás de ella sobre el camino. No se da cuenta y no descubre la desgracia. Cuando llega a su casa, pone la jarra en el suelo y la encuentra vacía.* Los dichos 74 y 75 nos señalan lo posible que es quedarse en las inmediaciones del Reino sin llegar a entrar en él.

13 Inevitable acordarse de León Felipe. "...Que no hagan callo las cosas ni en el alma ni en el cuerpo/ pasar por todo una vez, una vez solo y ligero/ siempre ligero".

El Dicho 109 nos habla de un campo en el que había un tesoro escondido que no era conocido. Tras pasar la propiedad del padre al hijo sin que ninguno de los dos lo descubriera, el hijo lo vendió a un tercero que *trabajándolo encontró el tesoro* del que pudo sacar rentas.

Los riesgos de ser "comidos" por el mundo son enormes. El Dicho 7 lo expresa con contundencia: [...] *manchado queda el hombre a quien el león devora* (la mente, especialmente en sus aspectos egoicos, los estímulos del mundo, etc.) *y deja que se convierta en hombre* (Dicho 7), y en el mismo sentido, [...] *Vosotros también buscad un lugar para vosotros en el descanso* (el Reino, según hemos visto) *de modo que no os volváis cadáveres y os coman* (Dicho 60).

Uno se vuelve cadáver (o es devorado) cuando se identifica, cuando su luz/atención queda cautivada por el contenido y en situación de permanente olvido de su *sí mismo*. Debemos de ser cuidadosos con aquello con lo que ocupamos nuestra mente.

En el Dicho 28 Jesús expresa algo que nos interpela: [...] *Los he encontrado a todos ebrios, sin que ninguno de ellos tuviera sed* [...] *Cuando hayan expulsado el vino se convertirán.*

Los Regalos del Espíritu

Dice Mateo: *Buscad el Reino de Dios y su justicia, y lo demás se os dará por añadidura.* (Mt. 6, 24-34). Con ello alude a que al acercarnos al ámbito de la Luz/Atención se despliegan las cualidades que, "sin saber cómo" (Mc. 4, 27), gradualmente nos transforman. Jesús destaca la gran fecundidad y bondad de lo que de esa fuente proviene y dice: *El Reino del Padre se parece a un hombre que tenía una buena simiente* [...] (Dicho 57).

En las varias veces aludida parábola del sembrador, ¡la principal!, (Dichos 9, 20, 96) se dice que cuando la semilla cae en buena tierra (cuando es debidamente atendida) esta tiene la cualidad de crecer por sí misma y de dar *fruto hacia el cielo* (Dicho 9).

La extraordinaria fecundidad de esa semilla o de la levadura (ambas representan al *sí mismo*), y la bondad de lo que de ella proviene es realzada reiteradamente por Jesús, por ejemplo:

Dicho 20: [...] *El Reino de los Cielos es semejante a un grano de mostaza, la más pequeña de todas las semillas; pero cuando cae sobre tierra cultivada, produce una gran rama y se convierte en abrigo para los pájaros del cielo.*

Dicho 96: *El Reino del Padre es parecido a una mujer que ha tomado un poco de levadura, la ha escondido en la masa y ha hecho con ella grandes panes. ¡Que aquel que tenga oídos, oiga!*

San Pablo menciona los frutos y dones del espíritu (amor, gozo, paz, paciencia, bondad, lealtad, gentileza, dominio de sí, sabiduría, confianza, discernimiento, ecuanimidad, entre otros) (Gal. 5, 22; 1 Cor. 12, 7) que no son muy diferentes a las consecuencias positivas que actualmente se atribuyen a la práctica de la atención plena,[14] pero es de resaltar cómo el amor ocupa el primer lugar entre los dones, puesto que es un constituyente esencial del Reino, de la realización del *sí mismo* (Ef. 3, 14-19).

Jesús explicita su principal mandamiento como fruto de nuestra comunidad en Dios, la fuente oculta en todos y cada uno de nosotros:

La brizna que hay en el ojo de tu hermano la ves; pero la viga que hay en tu ojo no la ves. Cuando hayas sacado la viga de tu ojo, entonces verás para sacar la brizna del ojo de tu hermano (Dicho 26), y: *Ama a tu hermano como a tu alma; vela por él como la niña de tu ojo* (Dicho 25). Nuestro acceso y progreso en la luz/atención nos irá abriendo "sin saber cómo" a un mayor autoconocimiento y amor/compasión. La hermandad entre todos los seres será más profundamente sentida.

Jesús nos previene de que el potencial multiplicativo de la semilla también opera en

---

14 Del espíritu, que es nuestro ser, proceden nuestras facultades, la capacidad para autodeterminarnos, las intuiciones e inspiraciones, la propia capacidad de pensar... un complejo y extenso tema que excede al propósito de este escrito.

un sentido inverso: *A quien tenga en su mano se le dará, y a quien no tenga, incluso lo poco que tiene le será quitado* (Dicho 41). Lo que tiene en su mano es "esto", consciencia de su luz/atención (ver el Dicho 70 anterior y su comentario).

Dios, Cristo, Luz, Atención, Ser, Don, trasciende a cada uno de nosotros con una individualidad que se ha comparado con la ola en el mar, el copo en la nieve, la estrella en el cosmos, etc. Tal individualidad va más allá de las diferencias atribuibles a la herencia o al entorno, por ejemplo: el estilo identificable de un artista, una manera característica de aprender o una vocación o cometido muy marcado.

En definitiva, el *fruto hacia el cielo* que la parábola nos anuncia como consecuencia de cuidar nuestra semilla de luz/atención, así como los "mandamientos" que de ella provienen, deben dar lugar a una progresiva transformación de nuestro yo psicológico habitual de manera que este gane en cualidades y autenticidad, al tiempo que se "empobrece" deviniendo menos autorreferencial y más abierto a una voluntad que solo es suya en un sentido superior. Esta es la *gloriosa libertad de los hijos de Dios* (Rom. 8, 21).

IV. EL REINO.
COMPLETANDO LA NO DUALIDAD

HÁGASE TU VOLUNTAD EN LA TIERRA COMO EN EL CIELO

Para que lo que viene del espíritu sea efectivo en nuestro yo psicológico, es necesario aproximarnos a cumplir con el consejo de Jesús: [...] *aprended de mí, que soy manso y humilde de corazón* [...] (Mt. 11, 29). La mansedumbre es un don, y puede ocurrir que haya fuertes prejuicios que actúen como poderosas barreras para que *su palabra se haga en nosotros.* En tal caso, se cumpliría la advertencia de Jesús: [...] *No es posible a un servidor servir a dos señores pues honrará a uno y ofenderá al otro* [...] (Dicho 47).

El Reino implica el doble proceso de la experiencia de la luz/atención, que puede llegar a ser no dual, y también el de la transformación del yo psicológico en armonía con lo que viene del Espíritu (ver el apartado "Los Regalos del Espíritu" en este escrito). Ambos aspectos constituyen la *metanoia* que anuncia Jesús.

Los rasgos incorporados al yo psicológico que no son afines al *sí mismo* (culpas, miedos, ambición etc.) se deben ir "quemando" (aminorando, desapareciendo), liberando la energía o conciencia cautiva en ellos, mientras que lo que es afín al *sí mismo* (frutos y dones) debe crecer. A este respecto también podríamos citar el Dicho 41, ya mencionado.

El EdT es insistente con relación a la necesidad de superar la dualidad (o procurar la unificación) entre el yo psicológico y nuestro *sí mismo*:

Dicho 48: S*i dos hacen las paces entre ellos en esta misma casa, dirán a la montaña: desplázate, y ella se desplazará.* El logro definitivo de la unificación es una obra mayor de transformación de la mente que solo es posible por la fe en nuestra esencia divina y por la perseverancia en la práctica de la presencia que ella otorga. Con ello, la transformación se nos irá dando por *añadidura.* ¿Y quién sabe el poder de un ser verdaderamente unificado? Jesús es el ejemplo paradigmático.

Dicho 61: *Hay dos que reposan en un lecho, uno morirá* (lo que será quemado), *el otro vivirá* [...] *cuanto sea unido estará lleno de Luz, pero cuanto sea separado estará lleno de tinieblas.*

Para referirse a la metanoia de unificación, el EdT utiliza con frecuencia el símil de la unión entre lo femenino (alma, psique) y lo masculino (atención, espíritu). Por ejemplo:

Dicho 22: [...] *Cuando hagáis de dos uno, y cuando hagáis lo que está dentro* (sí mismo, luz/atención) *como lo que está fuera* (mente) *y lo que está fuera como lo que está dentro* [...] *a fin de hacer el varón con la hembra una sola cosa, de modo que el varón no sea varón y la hembra no sea hembra* […] *entonces entraréis en el Reino.*

Dicho 75: *Hay muchos que están junto a la puerta, pero son los "únicos" los que entrarán en la cámara nupcial* (Reino). Los Dichos 16, 23 y 114 también hacen referencia a los únicos, o unificados, como los que culminan un proceso.

Es de notar que la idea de integración de alma (psique, femenina) y luz/atención, espíritu (masculino) la encontramos también en el proceso de individuación estudiado en la psicología junguiana. Este es el *"descanso"* o el *"reposo"* al que aluden los Dichos 60 y 90, antes mencionados. Según escribe Cynthia Bourgeault en su estupendo libro *"El Jesús de la Sabiduría"*,[15] "con la unificación nuestro ser interior descansa y esta apacibilidad fluye hacia el mundo exterior como sabiduría y compasión".

El Dicho 4 añade un matiz interesante: *El hombre maduro no dejará de interrogar durante sus días a un niño de siete días respecto a su lugar en la vida. Sabrá que muchos primeros serán últimos y que estos serán unificados.*

El hombre maduro (con muchos contenidos mentales) verá en el recién nacido quién es él realmente (Luz/Atención) y comprenderá que ella es la que perdura (primeros que serán últimos) así como que ha-

---

15 Bourgeault. C., (2022) *El Jesús de la Sabiduría.* Editorial Noûs.

brá durante su vida o al final de ella algún tipo de unión con su núcleo de ser o *sí mismo*.

Tal unificación puede suponer una "aportación" al ámbito divino como consecuencia de la propia vida. A un significado de este orden puede apuntar el Dicho 57: *El Reino del Padre se parece a un hombre que tenía una buena simiente. Su enemigo vino por la noche y sembró cizaña entre la buena semilla. El hombre no les dejó arrancar la cizaña, por miedo —les dijo— a que vengáis a arrancar la cizaña y arranquéis el trigo con ella; en efecto, el día de la cosecha, las cizañas se manifestarán y serán arrancadas y quemadas.*

Lo primero que hay que resaltar es que el trigo y la cizaña crecen en el mismo campo, es decir, se albergan en la misma fuente de Luz/Atención que sustenta a la mente. El *enemigo*, que viene cuando no hay luz, es una mente no alineada con la Esencia de la que proviene. Sin duda, con la cosecha (experiencia de la Luz/Atención) la cizaña (lo autorreferencial de pensamientos, deseos, apegos etc. en el yo psicológico) pierde vigor al darse cuenta de su incongruencia con la fuente de la que proviene y, en todo caso, de su no existencia real. El Dicho 40 lo expresa muy bien: *Una cepa de viña ha sido plantada fuera del Padre y como no se ha fortalecido, perecerá.*

También es interesante la recomendación de no arrancar la cizaña en tanto la espiga pueda seguir creciendo. El riesgo de ese tipo de intervención es grande y quizá sea de aplicación otro Dicho de Jesús: *Si un ciego conduce a otro ciego, caen los dos en una fosa* (Dicho 34).

Pero, según la parábola deja entender, puede haber un buen fruto, mayor que la semilla empleada en la siembra (Dicho 41). Podría también ser que el día de la cosecha sea el de la muerte, en el que se queman o mueren todos los contenidos mentales. En tal caso, algo, de alguna manera que no podemos ni imaginar, añadirá o cualificará al ámbito divino y perdurará.[16]

---

16 La unificación o boda mística afectaría a un "Resto que permanecerá... que no será exterminado" (Zac. 13, 8-9). Roberto Pla indica que este "resto" correspondería a los "contenidos psíquicos espiritualizados que se "unirían" al sustrato puramente espiritual de Luz/Atención. Como él menciona, este podría ser el "botín" que nos llevamos de la vida, una "aportación" a la Luz/Atención divina. Hay breves referencias a este asunto en la obra de Pla citada, en los comentarios a los Logia o Dichos 51, 54, 57, 60, 81 y 87.

V. El camino hacia el Reino

El pan nuestro de cada día dánosle hoy

Los medios para la metanoia que los evangelios señalan son, fundamentalmente, la atención, el desprendimiento y la limpieza de corazón. Siguiendo con el EdT, menciono algunos de los Dichos al respecto: **Atención:** Jesús nos recomienda [...] *Vosotros, velad frente al mundo, ceñíos vuestras cinturas con gran fuerza para que los ladrones no encuentren su camino para llegar a vosotros, pues lo necesario con que contáis, lo encontrarán* [...] (Dicho 21), porque: *No es posible que alguien entre en la casa del fuerte y la tome por la violencia* [...] (Dicho 35), y se refiere a la necesaria *fuerza* (Dicho 103), o voluntad, para practicar el *velad* que evita que se nos arrebate nuestra capacidad para actualizar la Presencia del *descanso* del Reino. Si nos dejamos robar la luz/atención (aunque sea por la distracción de la propia mente), las posibilidades de desarrollar nuestra interioridad desaparecen.

En el párrafo anterior se expresa una impresionante llamada a estar despiertos y atentos para evitar que nos pase desapercibida nuestra esencia, el *sí mismo,* el tesoro escondido que somos, el Reino. El consejo es: ejercita la pobre luz/atención consciente a la que podemos acceder (presencia, ahora) para que, al fortalecerla, tengamos más capacidad para limpiar los contenidos de nuestra mente, y pueda reafirmarse y vigorizarse la experiencia de la Luz/Atención que realmente somos.

Hay, claro, muchas maneras de ejercitar la luz/atención. En apartados precedentes me he referido a dos tipos de prácticas: Una puntual e intensiva, referida a un lapso de tiempo concreto, en la que incluso es posible (si bien no fácil) experimentar sin dualidad la Luz/Atención en la medida en que nos "liberamos" de la mente, y otra en la que se mantiene la dualidad, es decir, la conciencia del observador. Esta última práctica, como ya he indicado, nos mantiene en la Presencia y en la muy necesaria vigilancia. Jesús nos recomienda *orar siempre y no desmayar* (Lc. 18, 1).

Evidentemente, hay muchos tiempos en los que necesitamos una luz/atención totalmente concentrada para realizar una tarea, pero hay muchos otros en los que podemos estar presentes en ella con una intensidad que dependerá de las circunstancias.

Las prácticas para llevar a la consciencia la luz/atención son una verdadera y sincera oración a nuestro divino *sí mismo*, como lo expresa Nicolas Malebranche en la, en principio, enigmática frase: "La atención es la oración natural que hacemos a nuestra verdad interior con el fin de que esta se manifieste en nosotros".

Como apunté en el capítulo II, "Aclaraciones para la comprensión de este escrito", en la medida en que la mente se va clarificando, vamos tomando consciencia de una Luz/Atención que no es "nuestra", que encontramos, que "está ahí", y que es lo que somos. Comprendemos entonces mejor lo que dice San Pablo con relación a la ayuda que nos presta el Espíritu en la oración (Rom. 8, 26-27).

DESPRENDIMIENTO: *Jesús ha dicho: No os preocupéis de la mañana a la noche y desde la noche a la mañana por lo que habréis de vestir* (Dicho 36), los asuntos de la mente, y recordamos el ya citado y explícito Dicho 37. De forma práctica, Jesús nos aconseja: *Que el que ha llegado a ser rico pueda volverse rey, y aquel que posee el poder pueda renunciar* (Dicho 81), es decir, no ser "poseído" por ellos. Y en el mismo sentido: *Que aquel que ha encontrado el mundo y se ha hecho rico pueda renunciar al mundo* (Dicho 110). Jesús nos reitera la Bienaventuranza de los pobres (Dicho 54) y nos advierte: [...] *Vuestros Reyes y grandes personajes llevan sobre sí vestiduras delicadas y no podrán conocer la verdad* (Dicho 78). No estar cautivados por el mundo y abajar la dominancia del yo psicológico, es la propuesta de Jesús, como quedó apuntado antes. El desprendimiento material es solo un aspecto de una no identificación mucho más amplia.

Hacerse niño pequeño, *de los que maman*, quitarse y pisar las vestiduras, etc., son imágenes potentes de abandonar lo accesorio y quedarse con lo esencial: La Luz/Atención, la Presencia, el Reino. Para Jesús, no estar identificados con los asuntos del mundo, guardar una presencia observadora respecto de las cosas del mundo, es principal. Recordamos su consejo: *sed transeúntes*.

LIMPIEZA DE CORAZÓN: Como dice la Bienaventuranza, hace referencia a la claridad de visión que es necesaria para entrar en el Reino. Como hemos venido diciendo, es la mente despejada o limpia la que da lugar a quedar inmerso en Él. *Jesús ha dicho: ¿Por qué laváis el exterior de la copa? ¿No comprendéis que el que ha hecho el interior es también el que ha hecho el exterior?* (Dicho 89) y, entiendo que en el mismo sentido: [...] *Pero vosotros sed sutiles como las serpientes* (perceptivos, alertas al Reino) *y puros* (con mente limpia, mansos y humildes) *como las palomas* (Dicho 39). Me he referido con anterioridad a los Dichos 7 y 60, los cuales son ejemplo de los peligros que oscurecen la visión o devoran al ser humano.

Atención, discernimiento y desprendimiento facilitan la limpieza de corazón. La atención es un *fuego devorador* que nos acerca al Reino en la medida en que debilita la dominancia y la interferencia del yo psicológico cuando su participación no es deseada. De esta manera, puros, nos aproximamos al Reino que está (es) en nosotros.

En el Dicho 68 se expresa una sucinta pero contundente conclusión: *Bienaventurados seréis cuando se os odie, cuando se os persiga y no se encuentre lugar* (un yo psicológico) *allí donde se os ha perseguido.* Bienaventurados somos cuando nos distanciamos del yo con el que nos identificamos, y vamos, en su lugar, engendrando *esto* (núcleo espiritual, vida del *sí mismo*) en nosotros, que nos salvará (Dicho 70).

El Dicho 69 anuncia algo complementario: *Bienaventurados los que son perseguidos en su corazón, pues estos son los que han conocido al Padre en verdad. Bienaventurados los que están hambrientos, pues se llenará el vientre de quien lo quiera.* Entiendo que Jesús nos dice, por un lado, que son bienaventurados los que han encontrado su centro (*esto, sí mismo*) y mantienen la conexión o presencia en él a pesar de las dificultades (y distracciones). Por otro lado, anuncia plenitud a los hambrientos, a quienes desean y buscan sentido porque quizá experimentan un vacío o una tristeza vital.

La importancia de la fidelidad a nuestro sí mismo, *esto*, a nuestro corazón, como también lo llama Jesús, a pesar de las dificultades y tentaciones, es resaltada al decirnos Jesús que hemos de llevar nuestra cruz para ser dignos de Él (Dicho 55). Un sentido parecido me parece que tiene el Dicho 58: *Bienaventurado el hombre que ha sufrido;[17] ha encontrado la vida.* El necesario rebajamiento y gobierno del yo psicológico que permite encontrar la Vida implica trabajo y, con frecuencia, sufrimiento. Por otro lado, el sufrimiento puede ser un maestro para el desprendimiento y un estímulo para la búsqueda de un mayor sentido en la vida. Creo que esto es válido tanto para el sujeto que sufre como para quien es testigo de ese sufrimiento.

---

17   Que se ha esforzado, en otras traducciones.

VI. Consideración complementaria

En el EdT hay referencias adicionales a cómo la Luz/Atención está ocultada y es nuestra tarea hacerla explícita, notablemente en el Dicho 83: *Jesús ha dicho: Las imágenes son manifestadas al hombre; y la luz que hay en ellas está escondida. En la imagen de la luz del Padre ella se revelará, y su imagen será ocultada por su luz.*

Este Dicho, críptico en su primera lectura, lo leo así: la luz/atención nos permite tomar consciencia de las imágenes del mundo, pero no somos normalmente conscientes de ella; las imágenes "tapan" la luz/atención que nos permite verlas al igual que lo hacen los pensamientos y demás contenidos mentales. El mundo es, pues, una imagen del Padre (de la Luz/Atención), del que proviene la luz/atención con que lo vemos. Pero es precisamente "atravesando" esa imagen como llegamos a la experiencia de la Atención, de la Luz, que es mucho más relevante que la imagen que de ella se percibe.

La resonancia con 1 Jn. 3, 2-3 es grande: *Amados, ahora somos hijos de Dios, y aún no se ha manifestado lo que hemos de ser; pero sabemos que cuando Él se manifieste, seremos semejantes a Él, porque le veremos tal como Él es. Y todo aquel que tiene una esperanza en Él, se purifica a sí mismo, así como Él es puro.*

Otro Dicho críptico es el 50: *Jesús ha dicho: Si os dicen: "¿De dónde habéis venido?", decidles: "Hemos venido de la Luz; allí donde la Luz ha nacido de sí misma, se ha alzado y se ha revelado en su imagen". Si os dicen: "¿Quién sois?", decid: "Somos sus hijos y somos elegidos del Padre Viviente", si os preguntan: "¿Cuál es el signo de vuestro Padre que está en vosotros?", decidles: "Es un movimiento y un reposo".*

En este Dicho, la imagen no se refiere tanto a las imágenes del mundo que "tapan" la luz/atención con la que se las percibe, como a la propia esencia del ser humano que es imagen o hija de la Luz, del Padre Viviente. Se añade la referencia al dinamismo que esta Luz tiene como origen, fuerza evolutiva y sostén de todo lo creado (*por la que todo fue hecho*), inclusive la extraordinaria creación que tiene lugar a través de los seres humanos. Al darnos cuenta de la luz/atención, ella se reconoce y "expande": su ingente dinamismo tiene un último sentido referido a la propia Luz/Atención, puesto que Ella es única, permanente, reposa en Ella misma.

Lo que venimos considerando resuena con el "Hadith del Tesoro Escondido" islámico: *Yo era un Tesoro Oculto y quise ser conocido. Por consiguiente, Yo creé la Creación que podría conocerme.* "Ser conocido" implica también conocerme.

Al autoconocimiento del espíritu entiendo que se refiere el Dicho 29: *Si la carne ha sido a causa del espíritu, es una maravilla; y si el espíritu a causa del cuerpo, es una maravilla de maravillas. Pero yo me maravillo de esto: ¿cómo esta gran riqueza se ha puesto en esta pobreza?* Jesús se maravilla de la creación de los seres humanos y se maravilla doblemente de que el espíritu tome consciencia de sí mismo (lo que significa un nacimiento) a través de ellos como únicos seres que pueden conocerle, tomar consciencia de él. Jesús se maravilla de este fabuloso proceso[18] que asocio a una idea de la infinita realización, expansión o gloria de la Luz/Atención.

---

18 "Esta gran riqueza", el Espíritu presente en Todo, no nace o es creado, siempre ha sido. A través de los seres humanos se "conoce", pues para conocer se requiere de una dualidad, de un no saber o conocer como punto de partida. Dadas las dificultades de transcripción y traducción, la lectura que hago de este Dicho me parece consistente con el contenido general del EdT.

VII. Final

No nos dejes caer en la tentación...
DE OLVIDARNOS DE QUIENES SOMOS.

Según termino de escribir lo que precede, recibo una circular de Richard Rohr, Franciscano, fundador e inspirador del *Center for Action and Contemplation* (CAC). Me parece tan oportuna con relación al mensaje fundamental del EdT que no puedo por menos de traducirla y compartirla:

"Últimamente he estado pensando en cómo la búsqueda de Dios y la búsqueda de nuestro yo más profundo terminan siendo la misma búsqueda. Esta idea no es exclusiva mía, pero se me ha ido haciendo más cierta a medida que me he ido haciendo mayor. Teresa de Ávila expresó a menudo la maravillosa idea de que uno encuentra a Dios en uno mismo y uno se encuentra en Dios. ¡Ambas son ciertas! Y cuando uno experimenta esto y descubre nuestra cercanía e inherente amor, puede descansar profundamente en ello. De hecho, ese es el gran regalo de la visión contemplativa.

Lo que el CAC ha comenzado a llamar movimiento contemplativo cristiano es un redescubrimiento y una renovación de esta forma de ver en nuestras primeras tradiciones cristianas. En la contemplación (la práctica de estar plenamente presente en mente, cuerpo y espíritu) nos unimos en profunda solidaridad con otras tradiciones espirituales para trabajar hacia la sanación y restauración propia y de nuestro mundo. Apoyar esta transformación e inspirar acciones amorosas, haciendo que la sabiduría y las prácticas de las tradiciones contemplativas cristianas sean accesibles a personas de todo el mundo, es la misión del Centro para la Acción y la Contemplación (CAC)".[19]

Contemplación y acción, es a lo que Jesús nos exhorta: [...] *Nadie, en efecto, enciende una lámpara para ponerla bajo el celemín, ni la pone en un sitio escondido* [...] *sino que la pone sobre el lampadario para que quien entre y salga vea su luz* (Dicho 33), y señala la necesidad de abordar la tarea: *La mies es abundante y los obreros son poco numerosos. Rogad, sin embargo, al Señor para que envíe obreros para la mies* (Dicho 73).

Hay incontables maneras de cumplir con el mandamiento de Jesús: *Ama a tu hermano como a tu alma; vela por él como la niña de tu ojo* (Dicho 25), y todas ellas ganarán en acierto y potencia si están nutridas por el silencio y la contemplación que nos acercan a algún grado de consciencia de la Luz/Atención que somos y está presente en todo (Dichos 67 y 77). Como hemos venido considerando, en el

---

19   Richard Rohr's, Daily Meditations, 14/11/23.

amor fraterno también progresamos en la superación de la dualidad: realizamos, *perfeccionamos* (1 Jn. 4, 12), el amor inherente a nuestro *sí mismo* por la Unión a la que pertenecemos.

Leo, igualmente, un fragmento de una obra de John Main, Benedictino, fundador de la Comunidad Mundial para la Meditación Cristiana:

"El encuentro con la India y Oriente nos está enseñando algo que jamás deberíamos haber olvidado: que la esencia de la experiencia cristiana está más allá de la capacidad de expresión de ninguna cultura o forma intelectual. Esta es la "gloriosa libertad de los hijos de Dios" que, hablando con Bede Griffiths (1906–1993), se nos hizo muy claro que es la que hemos de restaurar en el corazón de la Iglesia para que pueda hacer frente creativamente a los retos que la acechan: el reto de la renovación de la vida religiosa contemplativa, el reto de encontrar unión en el Espíritu de todas las comuniones cristianas y el reto de abrirnos a las religiones no cristianas con el amor universal del Cristo presente en los corazones de todas las personas que la propia Iglesia tiene como cometido ayudar y encontrar. Para hacer frente a estos retos, cada uno de nosotros ha de estar personalmente anclado en la experiencia de Dios que Jesús personalmente conoció y que comparte con todos nosotros a través de Su espíritu".[20]

20   John Main, "Letter from the Heart". En Paul Harris, *Silence and Stillness in Every Season: Daily Readings with John Main,* (1998), Ed. Darton, Longman & Todd Ltd. pág. 296.

El último párrafo recoge, a mi parecer, el núcleo de la fe cristiana: Jesús, con su conciencia perfectamente abierta al Padre, pleno de amor por nosotros y tras habernos enseñado, está decidido a entregar su vida terrenal en testimonio de ese amor. Nos dice entonces que no nos dejará huérfanos, que volverá a nosotros en espíritu (otro Paráclito) y será dador de Vida, *abogado, facilitador* y guía para que el Espíritu de la Verdad, que de hecho ya mora en nosotros, sea apoyado o fortalecido en cuanto al acceso a la experiencia de unión con el Padre. [...] *atraeré a todos hacia mí,* dice Jesús (Jn. 12, 32). En términos de este escrito, para que la luz/atención de nuestra consciencia habitual despierte a ella misma y a la Luz/Atención de la que procede. En síntesis, este es el mensaje central de los importantísimos capítulos 14 a 17 del Evangelio de San Juan que San Pablo revalida: [...] *Pues por él, unos y otros tenemos libre acceso al Padre en un mismo Espíritu.* (Ef. 2, 17-18).

En el Dicho 17 del EdT Jesús enuncia su propósito o misión: *Os daré lo que el ojo no ha visto, lo que la oreja no ha oído y lo que la mano no ha tocado ni ha llegado al corazón del hombre* (su *sí mismo*). En el 108 nos dice: *El que abreve en mi boca se volverá como yo, y yo también me volveré él; y lo que está oculto se revelará,* que con distintas palabras trasmite un mensaje coincidente con los de Jn. 6, 56-57 y Jn. 17, 21-23 citados al tratar sobre la misión de Jesús.

Jesucristo nos fortalece para engendrar *esto* en nosotros (Dicho 70), el conocimiento de nuestro *sí mismo* (Dicho 67), de *la luz en el interior* (Dicho 24) y nos anuncia su disposición para seguir instruyéndonos cuando para ello acudamos a Él (Mt. 28, 20 y Dicho 92). El texto que a continuación reproducimos recoge una idea central en el mensaje de John Main:

"Solo hay la oración de Jesús. La suya es la oración fundamental, la corriente o caudal de su conciencia abierta totalmente al Padre. La extraordinaria verdad de la proclamación cristiana es que cada uno de nosotros, donde sea que empecemos, estamos invitados a abrir completamente nuestra consciencia a la consciencia de Jesús y, en esa apertura, ser llevados fuera de nosotros mismos, más allá de nosotros mismos, a la corriente de amor consciente que fluye entre Jesús y su Padre. Este es nuestro destino personal y en esa experiencia nos hacemos completa y eternamente reales. La paradoja es conocerte por primera vez al estar perdido en Dios. Esto es lo que nos dice el evangelio, "Quien encuentre su vida, debe perderla" (Mt. 10, 39).

La meditación es un camino seguro para perder tu propia vida, para perder la consciencia de ti mismo como una entidad separada, autónoma. Al perderla, te encontrarás unido a Dios y a toda la creación porque finalmente ya eres uno contigo mismo.

Tu consciencia ya no está dividida ni confusa. Es simple: Es una en Dios".[21]

Clara descripción de nuestra vida como un peregrinaje hacia la realización o actualización de la Divinidad en la consciencia, que ya es divina sin saberlo. Un camino en el que la práctica y la experiencia de la Presencia (del Ahora del Espíritu) tiene un lugar esencial en el que hemos de *velar* y *permanecer*. Antonio Machado lo dice así:

> *Yo amo a Jesús que nos dijo:*
> *cielo y tierra pasarán.*
> *Cuando cielo y tierra pasen*
> *mi palabra quedará.*
> *¿Cuál fue Jesús tu palabra?*
> *¿Amor? ¿perdón? ¿caridad?*
> *Todas tus palabras fueron*
> *una palabra: Velad.*

> *Como no sabéis la hora*
> *En que os han de despertar,*
> *os despertarán dormidos*
> *si no veláis; despertad.*

---

21 John Main, "The Way of Unknowing". En Paul Harris, *Silence and Stillness in Every Season: Daily Readings with John Main,* (1998), Ed. Darton, Longman & Todd Ltd, pág. 337. La práctica de la meditación en periodos concretos es ampliable a otros momentos de presencia en la conciencia que pueden llegar a ser de una considerable continuidad. En este caso, hay un estar en la vida cotidiana con otra perspectiva, un "estar en la otra orilla" como lo denomina Roberto Pla en su carta al Pf. Lahiry.

Termino citando a mi admirado Roberto Pla, cuando menciona su propósito al escribir la obra que tanto me ha iluminado:

"Nuestro único propósito real al escribir esta obra ha sido el de despertar el amor hacia el Cristo completo; y al decir el Cristo completo nos referimos conjuntamente al Cristo que murió por los hombres hace más de dos mil años en Jerusalén y cuyo amor ha sido fomentado por la exégesis manifiesta desde el principio del hecho cristiano, y al mismo tiempo al Cristo preexistente y eterno. Aunque ambos son uno solo, si se quiere entender al Cristo completo, no es posible prescindir del Cristo que desde el principio y desde que existió el primer hombre sobre la tierra yace olvidado, desconocido, crucificado en el interior de cada hombre, y que solo espera para revelar su presencia inmortal, divina, inseparable, ser invocado por el amor y la fe. Entonces llegará al interior de cada hombre la bienaventuranza verdadera de su resurrección".[22]

"En cuanto a su *venida*, él viene siempre si lo ves y sabes entender que él es el que en ti mira. Él es el Viviente que te ve, desde el fondo insondable de ti mismo".[23]

---

22 Op. Cit. pág. 41.
23 Op. Cit. pág. 502.

PALABRAS DEL AUTOR

La renovación en la manera en que se suele entender el mensaje cristiano me parece una de las tareas más importantes de nuestro tiempo. Considero que el Evangelio de Tomás es una ayuda muy importante para ese fin.

Como he dicho, mi comprensión más importante sobre este asunto fue la lectura de "El hombre templo de Dios vivo, exégesis oculta de la religión de Cristo a partir de comentarios al Evangelio según Tomás", de Roberto Pla Sales. Me pareció un libro muy importante y por ello intento darlo a conocer. El problema es que es largo y, a veces, algo complejo.

Pero no es imprescindible leer ese libro para obtener la médula del rico conocimiento que el Evangelio de Tomás comunica. He hecho un muy limitado intento de ello, tómese como un voluntarioso intento.

No hace muchos años encontré la Comunidad Mundial para la Meditación Cristiana[24] y me he sentido muy enriquecido por los escritos y la visión de sus fundadores

24 *Ver www.wccm.org y www.wccm.es*

John Main y Laurence Freeman, de la Orden Benedictina. Valoro muchísimo su insistencia en la práctica meditativa diaria[25].

25 Hay, claro, otras escuelas o tendencias contemplativas orientadas hacia la no dualidad de las que soy poco conocedor, inclusive las de orientación cristiana, siento decir. Mis referencias más conocidas en este último ámbito son de Franz Jalics S.J y las escuelas establecidas por sus seguidores Pablo d´Ors y Javier Melloni S.J, la Oración Centrante, fundado por Thomas Keating (O.C.S.O) y Cynthia Bourgeault, la Escuela de Silencio, fundada por José Fernández Moratiel (O.P) y la escuela del Zendo Betania, fundado por Ana María Slütter (maestra zen, Mujeres de Betania) así como la de Willigis Jagger, pero es seguro que hay otros a los que no conozco. Fuera del ámbito cristiano, siempre recordaré con enorme agradecimiento los cursos de Vipassana (Goenka), pero sin duda que hay muchas otras opciones de gran calidad. Se encuentra amplia información de interés sobre este asunto en: www.nodualidad.info y sobre no dualidad en el excelente libro de Javier Alvarado, "Historia de los métodos de meditación no dual".

El Evangelio de Tomás

Codex II *de los Manuscritos de Nag Hammadi,*
con el colofón del Libro Secreto o Apócrifo de Juan
(Kataïïôannên n apokryfon) y el comienzo
del Evangelio según Tomás

NOTA DEL EDITOR

La primera y respetada primera traducción del copto del Evangelio de Tomás fue realizada por cinco investigadores conocidos como grupo Brill por el nombre de la editora que realizó la publicación en 1959. Dichos traductores diferenciaron y enumeraron los Dichos o Logia en 114, estableciendo versiones en inglés, francés, alemán y holandés. La publicación lleva el nombre de *The Gospel according to Thomas* (Ed. E. J Brill).

La versión que aquí hemos presentado ha sido traducida al español por Roberto Pla Sales en su libro: "El hombre templo de Dios vivo. Exégesis oculta de la religión de Cristo a partir de comentarios al Evangelio de Tomás" y que ha contrastado con la de Philippe de Suarez (Editions Métanoía). Pueden leerse sus comentarios al respecto en la página 36 de la citada obra.

Incipit

He aquí las palabras ocultas de
Jesús el Viviente y que ha transcrito
Dídimo Judas-Tomás

LOGION 1

Él ha dicho:
El que encuentre la interpretación
de estas palabras no gustará la muerte.

LOGION 2

Jesús ha dicho:
El que busca no debe cesar de buscar
hasta que encuentre;
cuando encuentre, quedará estupefacto,
se maravillará y reinará sobre el Todo[26].

---

26 Los autores Paterson Brown y Lynn Bauman interpretan la soberanía como descanso o reposo, los cuales también aparecen en los logiones 50, 51, 60 y 90.

LOGION 3

Jesús ha dicho:
Si los que os guían os dicen:
'he aquí que el Reino está en el cielo',
entonces los pájaros del cielo os aventajarán;
si os dicen que está en el mar,
entonces os aventajarán los peces.
El Reino está dentro y fuera de vosotros.
Cuando os conozcáis a vosotros mismos,
entonces seréis conocidos y sabréis que sois
los Hijos del Padre viviente;
mas si no llegáis a conoceros,
entonces estaréis en la pobreza,
seréis la pobreza.

LOGION 4

Jesús ha dicho:
El hombre maduro no dejará de interrogar
durante sus días a un niño de siete días
respecto a su lugar en la vida y él vivirá.
Sabrá que muchos de los primeros serán
últimos y que estos serán unificados.

LOGION 5

Jesús ha dicho:
conoce lo que está delante[27] de tu rostro
y lo que está oculto te será revelado;
porque nada hay oculto
que no pueda ser manifestado[28].

LOGION 6

Sus discípulos le preguntaron y dijeron:
¿Quieres que ayunemos? ¿Cómo oraremos?
¿Cómo haremos limosna y qué
observaremos en materia de alimento?
Jesús dijo:
No digáis mentira
y no hagáis lo que recusáis,
porque todo es revelado en el cielo.
Nada hay, en efecto, oculto, que no pueda
aparecer, nada encubierto que a la larga no
pueda ser revelado.

---

27 Bauman lo traduce como a *"Aquel que está"*. Patterson lo traduce como "Él quien está enfrente".
28 El Logion griego añade: '*ni enterrado que no resucite*'. P. Oxyr. 654, 4.

LOGION 7

Jesús ha dicho:
Feliz es el león que al hombre devora,
pues el león se convertirá en hombre y
manchado queda el hombre al que el león
devora y deja que se convierta en hombre.

LOGION 8

Él ha dicho:
El hombre es semejante
a un pescador prudente que arroja su red
al mar y la retira llena de peces pequeños;
entre ellos el pescador prudente encuentra
un pez grande y bueno.
Devuelve todos los peces pequeños al mar
y elige sin dudarlo el pez grande.
El que tenga oídos para oír que oiga.

Logion 9

Jesús ha dicho:
Una vez salió un sembrador
a sembrar con las manos
llenas de semillas que esparció.
Unas semillas cayeron en el camino;
vinieron los pájaros y se las comieron.
Otras cayeron en pedregal y no arraigaron
las raíces en la tierra,
ni pudieron elevarse hacia el cielo.
Otras cayeron entre abrojos
que ahogaron las semillas
y los gusanos la comieron.
Otras cayeron en tierra buena
y dieron fruto hacia el cielo;
su razón fue de sesenta por medida
y de ciento veinte por medida.

Logion 10

Jesús ha dicho:
He traído un fuego sobre el mundo
y he de preservarlo hasta que lo incendie.

LOGION 11

Jesús ha dicho:
El cielo pasará y lo que está sobre él
pasará y los que están muertos no vivirán
y los vivientes no morirán.
En los días en que comáis lo que está muerto,
os convertiréis en vivientes.
Cuando estéis en la luz, ¿qué haréis?
En el tiempo en que erais uno habéis
engendrado dos y ahora, cuando sois dos,
¿qué haréis?

LOGION 12

Los discípulos dijeron a Jesús:
Sabemos que nos abandonarás;
¿quién llegará a ser grande entre nosotros?
Jesús les dijo:
Allá a donde vayáis iréis hacia
Santiago el Justo,
pues quien vuelve,
al cielo y a la tierra le concierne[29].

---

29 Aceptamos para este difícil texto la traducción dada
por Philippe de Suarez, pero sin desechar la ofrecida
por el Brill, pues ambas tienen un mismo sentido. Ver:
para quien el cielo y la tierra han sido hechos.

LOGION 13

Jesús ha dicho a sus discípulos:
Comparadme, decidme a quién me parezco.
Simón Pedro le dijo:
Te pareces a un ángel justo.
Mateo le dijo:
Te pareces a un filósofo sabio.
Tomás le dijo:
Maestro, mi boca no aceptará en absoluto
que te diga a quién te pareces.
Jesús dijo:
No soy tu maestro; te has embriagado en la
fuente hirviente que yo he medido.
Lo cogió, se retiró (con él)
y le dijo tres palabras.
Luego, cuando Tomás hubo vuelto con sus
compañeros, estos le preguntaron:
¿Qué te ha dicho Jesús?
Tomás les dijo:
Si os digo una de las palabras que él me
ha dicho, tomaréis piedras y las lanzaréis
contra mí; un fuego saldría entonces de las
piedras y os abrasaría.

LOGION 14

Jesús les dijo:
Si ayunáis, engendraréis un pecado contra
vosotros mismos y si oráis,
os condenaréis y si hacéis limosna,
dañaréis a vuestro espíritu.
Y si entráis en algún país y vais
a los campos, si se os acoge,
comed lo que os pongan delante
y curad a los que estén enfermos.
Mirad que lo que entre en vuestra boca
no os mancillará, pero lo que salga de ella,
eso os contaminará.

LOGION 15

Jesús ha dicho:
Cuando veáis al que no ha sido
engendrado de mujer,
prosternaos sobre vuestro rostro
y adoradle:
este es vuestro Padre.

LOGION 16

Jesús ha dicho:
Los hombres pueden pensar que he venido
a sembrar la paz sobre el mundo y no saben
que he venido a sembrar divisiones sobre
la tierra: un fuego, una espada, una guerra.
Porque habrá cinco en una casa:
tres estarán contra dos y dos contra tres;
el Padre contra el hijo,
el hijo contra el Padre.
Y ellos se alzarán únicos[30].

LOGION 17

Jesús ha dicho:
Os daré lo que el ojo no ha visto,
lo que la oreja no ha oído
y lo que la mano no ha tocado,
ni ha llegado al corazón del hombre[31].

---

30 Monaxos: único, solo, solitario.
31 San Pablo, al repetir este Logion, lo termina diciendo:
'Lo que Dios preparó para los que le aman'. (1 Co 2, 9).

LOGION 18

Los discípulos dijeron a Jesús:
Dinos cómo será nuestro fin.
Jesús dijo:
¿Habéis pues descubierto el principio
para que busquéis el fin?
Pues allí donde está el principio,
allí será el fin.
Bienaventurado aquel
que se mantenga en el principio,
pues conocerá el fin y no probará la muerte.

LOGION 19

Jesús ha dicho:
Bienaventurado aquel
que era antes de haber sido[32].
Si llegáis a ser mis discípulos
y escucháis mis palabras,
estas piedras os servirán.
Tenéis, en efecto, cinco árboles en el
paraíso que no se mueven en verano ni en
invierno y cuyas hojas no caen.
Aquel que los reconozca
no probará la muerte.

_____

32 Bauman lo interpreta como antes de haber nacido.

LOGION 20

Los discípulos dijeron a Jesús:
Dinos a qué es semejante
el Reino de los Cielos.
Él les dijo:
Es semejante a un grano de mostaza,
la más pequeña de todas las semillas;
pero cuando cae sobre la tierra cultivada,
produce una gran rama y se convierte en
abrigo para los pájaros del cielo.

LOGION 21

María dijo a Jesús:
Tus discípulos, ¿a qué se asemejan?
Él dijo:
Se asemejan a unos niños pequeños
instalados en un campo que no es de ellos.
Cuando vengan los amos del campo, dirán:
Dejadnos nuestro campo.
Ellos están desnudos ante su presencia,
de modo que lo dejan y les dan su campo.
Por eso digo:
Si el dueño de la casa sabe que el ladrón
va a venir, velará antes de que venga
y no dejará horadar la casa de su Reino
de modo que se lleve su ajuar.
Vosotros, velad frente al mundo, ceñíos
vuestras cinturas con gran fuerza para que
los ladrones no encuentren su camino para
llegar hasta vosotros, pues lo necesario con
que contáis, lo encontrarán.
¡Pueda haber en medio de vosotros mismos
un hombre prudente! Cuando el fruto está
maduro, viene enseguida con su hoz en la
mano y lo cosecha.
El que tenga oídos para oír que oiga.

LOGION 22

Jesús vio a unos pequeños que mamaban.
Dijo a sus discípulos:
Estos pequeños que maman son semejantes
a los que entran en el Reino.
Ellos le dijeron:
Entonces, si nos volvemos pequeños,
¿entraremos en el Reino?
Jesús les dijo:
Cuando hagáis de dos uno,
y cuando hagáis lo que está dentro como lo
que está fuera y lo que está fuera como
lo que está dentro y lo que está arriba como
lo que está abajo,
a fin de hacer el varón
con la hembra una sola cosa,
de modo que el varón no sea varón
y la hembra no sea hembra;
cuando hagáis ojos en vez de un ojo
y la mano en vez de una mano
y el pie en vez de un pie,
la imagen en vez de una imagen,
entonces entraréis en el Reino.

LOGION 23

Jesús ha dicho:
Os escogeré uno entre mil
y dos entre diez mil
y ellos permanecerán siendo uno solo.

LOGION 24

Sus discípulos dijeron:
Haznos conocer el lugar donde estás,
porque es necesario que lo busquemos.
Él les dijo:
¡Que el que tenga oídos oiga!
Hay luz en el interior de un hombre de luz,
e ilumina el mundo entero.
Si él no ilumina, son las tinieblas.

LOGION 25

Jesús ha dicho:
Ama a tu hermano como a tu alma;
vela por él como por la pupila de tu ojo.

LOGION 26

Jesús ha dicho:
La brizna que hay en el ojo
de tu hermano la ves;
pero la viga que hay en tu ojo, no la ves.
Cuando hayas sacado la viga de tu ojo,
entonces verás para sacar la brizna
del ojo de tu hermano.

LOGION 27

Jesús ha dicho:
Si no ayunáis del mundo,
no encontraréis el Reino;
si no celebráis el Sábado como Sábado,
no veréis al Padre.

LOGION 28

Jesús ha dicho:
Me he mantenido en medio del mundo
y me he revelado en la carne.
Los he encontrado a todos ebrios,
sin que ninguno de ellos tuviera sed;
y mi alma sufre por los hijos
de los hombres porque están ciegos
en su corazón sin ver que han venido al
mundo vacíos y, estando vacíos,
buscan salir del mundo,
pero ahora están ebrios.
Cuando hayan expulsado su vino,
se convertirán.

LOGION 29

Jesús ha dicho:
Si la carne ha sido a causa del espíritu,
es una maravilla;
y si el espíritu a causa del cuerpo,
es una maravilla de maravillas.
Pero yo me maravillo de esto:
¿cómo esta gran riqueza
se ha puesto en esta pobreza?

LOGION 30

Jesús ha dicho:
Allí donde hay tres dioses, son dioses;
allí donde hay dos o uno, yo estoy con él.

LOGION 31

Jesús ha dicho:
Ningún profeta es recibido en su pueblo,
un médico no cura a los que le conocen.

LOGION 32

Jesús ha dicho:
Una ciudad construida
sobre un alto monte
y fortificada no puede caer,
ni permanecer escondida.

LOGION 33

Jesús ha dicho:
Lo que oigáis en vuestra oreja
y en la otra oreja,
proclamadlo sobre vuestros tejados.
Nadie, en efecto, enciende una lámpara
para ponerla bajo el celemín,
ni la pone en un sitio escondido,
sino que la pone sobre el lampadario,
para que quien entre y salga vea su luz.

LOGION 34

Jesús ha dicho:
Si un ciego conduce a otro ciego,
caen los dos en una fosa.

LOGION 35

Jesús ha dicho:
No es posible que alguien entre en la casa
del fuerte y la tome por la violencia,
a menos que le ate las manos;
entonces trastornará la casa.

LOGION 36

Jesús ha dicho:
No os preocupéis desde la mañana
a la noche y desde la noche a la mañana
por lo que habréis de vestir.

LOGION 37

Sus discípulos dijeron:
¿En qué día te revelarás a nosotros?
¿En qué día te veremos?
Jesús dijo:
Cuando dejéis vuestras vergüenzas,
cuando toméis vuestros vestidos,
los pongáis a vuestros pies como los niños
pequeños y los pisoteéis;
entonces veréis al Hijo de Aquel
que está Vivo y no temeréis.

LOGION 38

Jesús ha dicho:
Muchas veces habéis deseado escuchar
estas palabras que os digo,
y no tenéis a ningún otro de quien oírlas.
Días vendrán en los que me buscaréis
y no me encontraréis.

LOGION 39

Jesús ha dicho:
Los fariseos y los escribas han recibido las
llaves de la ciencia[33] y las han ocultado.
No han entrado ellos y a los que querían
entrar no les han dejado.
Pero vosotros sed sutiles
como las serpientes
y puros como las palomas.

LOGION 40

Jesús ha dicho:
Una cepa de viña ha sido plantada fuera del
Padre y como no se ha fortalecido,
será arrancada con su raíz y perecerá.

---

33 Gnosis.

LOGION 41

Jesús ha dicho:
A quien tenga en su mano,
se le dará y a quien no tenga,
incluso lo poco que tiene
le será quitado[34].

LOGION 42

Jesús ha dicho:
Sed transeúntes.

---

34 Ver logion 70.

LOGION 43

Sus discípulos le dijeron:
¿Quien eres tú que nos dices eso?
Jesús les dijo:
Después de lo que os digo,
¿no sabéis quién soy?
Sois como los judíos,
que aman el árbol y aborrecen su fruto,
o aman el fruto y aborrecen el árbol.

LOGION 44

Jesús ha dicho:
Al que haya blasfemado contra
el Padre se le perdonará,
y al que haya blasfemado contra el Hijo,
se le perdonará,
pero al que haya blasfemado
contra el Espíritu Santo,
no se le perdonará,
ni en la tierra ni en el cielo.

LOGION 45

Jesús ha dicho:
No se cosechan uvas de los espinos
ni se recogen higos de los zarzales,
porque no dan fruto.
Un hombre bueno produce
una cosa buena de su tesoro;
un hombre malo produce
cosas malas del mal tesoro
que hay en su corazón y dice cosas malas,
pues lo que rebosa en su corazón
produce cosas malas.

LOGION 46

Jesús ha dicho:
Desde Adán hasta Juan el Bautista,
entre los que han nacido de mujer
no lo hay más elevado
que Juan el Bautista,
de modo que sus ojos no serán destruidos[35].
Pero yo he dicho:
Aquel que entre vosotros
se vuelva pequeño
conocerá el Reino
y será más elevado que Juan.

---

35 Stephen Patterson y James Robinson lo traducen
como *"no deben ser destruidos"*. Lynn Bauman lo traduce
como *"que nadie ha alcanzado un estado de consciencia mayor
que Juan y debes por lo tanto honrarle"*.

LOGION 47

Jesús ha dicho:
No le es posible a un hombre
montar dos caballos, o tirar con dos arcos.
No le es posible a un servidor
servir a dos amos pues
honrará a uno y ofenderá al otro.
Ningún hombre bebe vino viejo y no desea
enseguida beber vino nuevo.

No se vierte vino nuevo en odres viejos
por miedo a que se desgarren,
ni vino viejo en otro nuevo,
por miedo a que se pierda.
No se cose un remiendo
viejo a un vestido nuevo,
porque se produciría un desgarrón.

LOGION 48

Jesús ha dicho:
Si dos hacen las paces entre ellos en esta
misma casa, dirán a la montaña:
desplázate, y ella se desplazará[36].

LOGION 49

Jesús ha dicho:
Bienaventurados los únicos,
los elegidos,
porque encontraréis el Reino;
pues habéis salido de él,
de nuevo volveréis a él.

---

36 El Logion 106 explica un pensamiento semejante al
de este Logion, pero con vistas a la unificación absoluta
de las dos esferas de consciencia que de manera *natural*
existen en todo hombre.

LOGION 50

Jesús ha dicho:
Si os dicen:
'¿De dónde habéis venido?', decidles:
'Hemos venido de la luz;
allí donde la luz ha nacido de sí misma,
se ha alzado y se ha revelado en su imagen'.
Si os dicen:
'¿Quién sois?', decid:
'Somos sus hijos y somos elegidos
del Padre Viviente'.
Si os preguntan:
'¿Cuál es el signo de vuestro
Padre que está en vosotros?', decidles:
'Es un movimiento y un reposo'.

LOGION 51

Sus discípulos le dijeron:
¿En qué día el reposo de los que están
muertos se producirá,
y en qué día el mundo nuevo vendrá?
Él les dijo:
El que esperáis ha venido,
pero no le conocéis.

LOGION 52

Sus discípulos le dijeron:
Veinticuatro profetas han hablado en Israel
y todos han hablado de ti.
Él les dijo:
Habéis olvidado a aquel que está vivo
en vuestra presencia y habéis hablado
de los que están muertos.

LOGION 53

Sus discípulos le dijeron:
¿La circuncisión es útil o no?
Él les dijo:
si fuera útil, su Padre los engendraría
circuncisos de su madre.
Pero la circuncisión verdadera en espíritu
ha sido útil por entero.

LOGION 54

Jesús ha dicho:
Bienaventurados los pobres,
pues vuestro es el Reino de los Cielos.

LOGION 55

Jesús ha dicho:
El que no odie a su padre y a su madre no
podrá ser mi discípulo y el que no odie a
sus hermanos y a sus hermanas y no lleve la
cruz como yo no será digno de mí.

LOGION 56

Jesús ha dicho:
El que ha conocido el mundo
ha encontrado un cadáver
y el que ha encontrado un cadáver,
el mundo no es digno de él.

LOGION 57

Jesús ha dicho:
El Reino del Padre se parece
a un hombre que tenía una buena simiente.
Su enemigo vino por la noche y sembró
cizaña entre la buena semilla.
El hombre no les dejó[37] arrancar la cizaña,
por miedo —les dijo— a que vengáis
a arrancar la cizaña y arranquéis el trigo con
ella; en efecto, el día de la cosecha,
las cizañas se manifestarán
y serán arrancadas y quemadas.

---

37 Patterson y Robinson añaden la palabra "*sirvientes*".

LOGION 58

Jesús ha dicho:
Bienaventurado el hombre que ha sufrido[38]:
ha encontrado la vida.

LOGION 59

Jesús ha dicho:
Mirad hacia aquel que está vivo
en tanto que vivís,
por miedo a que muráis buscando verle
y no le lleguéis a ver.

---

38 Patterson y Robinson lo traducen como *"el hombre que se ha esforzado"*. Lynn Bauman lo traduce como *"troubled"* en el original inglés, que podríamos interpretar como *"turbado"* o *"inquieto"*.

LOGION 60

Vieron a un samaritano que,
llevando un cordero, entraba en Judea.
Él dijo a sus discípulos:
Este, ¿qué quiere hacer con el cordero?
Ellos le dijeron:
Matarlo y comerlo.
Él les dijo:
Mientras esté vivo, no lo comerá;
solo si lo mata y se hace un cadáver.
Ellos dijeron:
De otro modo no podrá hacerlo.
Él les dijo:
También buscad un lugar para vosotros
en el descanso de modo que no os volváis
cadáveres y os coman.

LOGION 61

Jesús ha dicho:
Hay dos que reposarán en un lecho:
uno morirá, el otro vivirá.

Salomé dijo:
¿Quién eres Tú, hombre?
Tú como salido del Uno
has subido en mi lecho[39]
y has comido en mi mesa.
Jesús dijo:
Yo Soy el que viene de lo que[40] es Igual;
me han sido dadas las cosas de mi Padre.
Salomé dijo:
Yo soy Tu discípula.
Jesús le dijo:
Por eso yo digo:
Cuanto sea unido igual
estará lleno de luz,
pero cuanto sea separado
estará lleno de tinieblas.

---

39 Patterson y Robinson añaden la palabra "extraño".
40 Patterson y Robinson añaden la palabra "siempre".

LOGION 62

Jesús ha dicho:
Yo digo mis misterios
a los que son dignos de mis misterios.
Lo que tu derecha hiciere,
que tu izquierda no sepa que lo hace.

LOGION 63

Jesús ha dicho:
Había un hombre rico
que tenía muchos bienes.
Dijo:
Emplearé mis bienes
en sembrar, cosechar, plantar,
llenar mi granero de frutos,
de manera que no me falte nada:
he aquí lo que pensaba en su corazón,
y aquella misma noche murió.
Que aquel que tenga oídos, oiga.

LOGION 64

Jesús ha dicho:
Un hombre tenía invitados, y cuando hubo
preparado la comida, envió a su sirviente
para convidar a los invitados. Este fue hacia
el primero y le dijo: mi amo te invita.
El otro dijo: tengo que cobrar dinero de
ciertos comerciantes; tienen que venir a mi
casa por la noche e iré a dar mis órdenes.
Me excuso para la cena.
Fue hacia otro y le dijo: mi amo te ha invitado.
Este dijo: he comprado una casa y se me
exige un día: no estaré disponible.
Fue hacia otro y le dijo: mi amo te invita.
Este le dijo: he comprado una granja y voy
a ella para recibir las rentas; no podré ir.
Me excuso.
El servidor volvió y dijo a su amo:
aquellos a los que tú has invitado a la
comida se han excusado.
El amo dijo a su servidor:
sal fuera, a los caminos; a aquellos que
encontrares, tráelos, para que coman;
los compradores y los mercaderes
no entrarán en los lugares de mi Padre.

LOGION 65

Él ha dicho:
Un hombre purificado tenía una viña;
la dio a obreros para que la trabajasen y
recibir de ellos el fruto.
Envió a su sirviente para que los obreros le
dieran el fruto de la viña.
Estos se apoderaron de su sirviente,
le golpearon y poco faltó
para que le hiciesen morir.
El sirviente se fue y se lo dijo a su amo.
Su amo dijo:
quizás no los ha conocido.
Envió a otro sirviente;
los obreros golpearon también a este.
Entonces el amo envió a su hijo.
Se dijo:
tal vez tendrán consideración con mi hijo.
Cuando estos obreros supieron que era el
heredero de la viña,
lo cogieron y lo mataron.
¡Que el que tenga oídos oiga!

LOGION 66

Jesús ha dicho:
Hacedme conocer la piedra que los
constructores han desechado:
ella es la piedra angular.

LOGION 67

Jesús ha dicho:
Aquel que conoce el todo
estando privado de sí mismo
está privado del Todo.

LOGION 68

Jesús ha dicho:
Bienaventurados seréis cuando se os odie,
cuando se os persiga
y no se encuentre lugar allí[41]
donde se os ha perseguido.

LOGION 69

Jesús ha dicho:
Bienaventurados los que son perseguidos
en su corazón, pues son estos los que han
conocido al Padre en verdad.

Bienaventurados los que están hambrientos,
pues se llenará el vientre de quien lo quiera.

---

41 Bauman aclara que se refiere al "yo psicológico".

LOGION 70

Jesús ha dicho:
Cuando engendréis esto en vosotros,
lo que tenéis os salvará.
Si no tenéis esto en vosotros,
lo que no tenéis en vosotros os hará morir.

LOGION 71

Jesús ha dicho:
Derribaré esta casa
y nadie podrá reconstruirla.

LOGION 72

Un hombre le dice:
Di a mis hermanos que repartan
los bienes de su Padre conmigo.
Él le dijo:
¡Oh, hombre!
¿Quién ha hecho de mí un repartidor?
Se volvió hacia sus discípulos.
Les dijo:
¿Soy yo acaso un repartidor?

LOGION 73

Jesús ha dicho:
La mies es abundante,
pero los obreros son poco numerosos.
Rogad, sin embargo, al Señor,
para que envíe obreros para la mies[42].

---

42 *Mies*. Tomamos la traducción según Ph. de Suarez.
El grupo Brill lee: *Cosecha*, aunque el vocablo copto es
el mismo las dos veces.

LOGION 74

Él ha dicho:
Señor, hay muchos alrededor de los pozos
pero no hay nadie dentro de los pozos.

LOGION 75

Jesús ha dicho:
Hay muchos que están junto a la puerta,
pero son los únicos[43]
los que entrarán en la cámara nupcial.

---

43 Gr. monaxós (ver Logia 16 y 49).

LOGION 76

Jesús ha dicho:
El Reino del Padre es semejante
a un mercader que tenía un fardo
y encontró una perla.
Este mercader era sabio:
vendió el fardo y compró la perla.
Vosotros, también, buscad el tesoro que
siempre permanece donde la polilla no se
acerca y donde el gusano no destruye.

LOGION 77

Jesús ha dicho:
Yo soy la luz que está sobre todos ellos.
Yo soy el Todo.
El Todo ha salido de mí
y el Todo ha llegado a mí.
Hendid la madera:
yo estoy allí;
levantad la piedra
y me encontraréis allí.

LOGION 78

Jesús ha dicho:
¿Por qué habéis salido al camino?
¿Para ver una caña agitada por el viento?
¿Para ver un hombre llevando sobre sí
vestiduras delicadas?
Vuestros reyes y grandes personajes
llevan sobre sí vestiduras delicadas
y no podrán conocer la verdad.

LOGION 79

Una mujer entre la muchedumbre le dijo:
Bienaventurado el vientre que te ha llevado
y los pechos que te han alimentado.
Él dijo:
Bienaventurados los que han escuchado la
Palabra del Padre
y la han observado en verdad.
Pero días vendrán en los que diréis:
bienaventurado el vientre
que no ha concebido
y los senos que no han amamantado.

LOGION 80

Jesús ha dicho:
Aquel que ha conocido el mundo
ha encontrado el cuerpo[44];
pero aquel que ha encontrado el cuerpo,
el mundo no es digno de él.

LOGION 81

Jesús ha dicho:
Que el que ha llegado a ser rico
pueda volverse rey,
y que aquel que posee el poder
pueda renunciar.

---

44 Patterson y Robinson añaden la palabra "muerto".

LOGION 82

Jesús ha dicho:
Aquel que está cerca de mí,
está cerca del fuego,
y el que está lejos de mí,
está lejos del Reino[45].

LOGION 83

Jesús ha dicho:
Las imágenes son manifestadas al hombre;
y la luz que hay en ellas está escondida.
En la imagen de la luz del
Padre ella se revelará,
y su imagen será ocultada por su luz[46].

---

45 Hay versiones de este Logion en Didymo el ciego de Alejandría: *Expositio in psalmos* 88, 8; y en Orígenes: *Homilia in Jeremiam* 20, 2.

46 Tomamos la traducción de Ph. de Suarez (*E. Metanoia* 1975). La versión de los profesores del grupo Brill tiene al parecer algún error de puntuación, pues ellos leen: *La luz que hay en ellas está escondida en la imagen de la luz del Padre.*

LOGION 84

Jesús ha dicho:
Cuando veis vuestra semejanza,
vosotros os regocijáis.
Pero cuando veáis vuestras imágenes
hechas antes que vosotros;
que no mueren ni se manifiestan,
¡cuán grande será lo que soportaréis!

LOGION 85

Jesús ha dicho:
Adán ha salido de un gran poder
y de una gran riqueza,
y él no ha sido digno de vosotros;
pues si hubiera sido digno,
no habría probado la muerte.

LOGION 86

Jesús ha dicho:
Los zorros tienen madrigueras
y los pájaros tienen nidos;
pero el Hijo del Hombre no tiene un lugar
para apoyar su cabeza y reposar.

LOGION 87

Jesús ha dicho:
Desdichado es el cuerpo
que depende de un cuerpo,
y desdichada es el alma
que depende de estos dos.

LOGION 88

Jesús ha dicho:
Los ángeles vendrán hacia vosotros
así como los profetas,
y ellos os darán lo que es vuestro.
Y vosotros también,
lo que está en vuestras manos,
dádselo y decíos a vosotros mismos:
¿cuál será el día en que ellos vendrán
y en que recibirán lo que es suyo?

LOGION 89

Jesús ha dicho:
¿Por qué laváis el exterior de la copa?
¿No comprendéis que
el que ha hecho el interior
es también el que ha hecho el exterior?

Logion 90

Jesús ha dicho:
Venid a mí, pues mi yugo es bueno,
y dulce es mi dominio;
y hallaréis el reposo para vosotros.

Logion 91

Ellos le dijeron:
Dinos quién eres tú
para que nosotros creamos en ti.
Él les dijo:
Reconocéis la faz del cielo y de la tierra,
y aquel que esté en vuestra presencia
no lo habéis conocido,
y su tiempo[47] no lo sabéis conocer.

---

47 Tiempo. Trad. de B. de J. Patterson y Robinson. Lynn
Bauman lo traducen como sentido, valor u oportunidad.

LOGION 92

Jesús ha dicho:
Buscad y encontraréis.
Pero las cosas que me habéis preguntado
en estos días y que yo
no os he dicho entonces,
me place ahora decíroslas,
y vosotros no las preguntáis.

LOGION 93

Jesús ha dicho:
No deis lo que es santo a los perros,
para que no lo arrojen al estercolero.
No echéis las perlas a los cerdos,
para que no las llenen de inmundicia[48].

---

48 La última palabra no aparece en el manuscrito, pues
hay una laguna textual. Tomamos la palabra *inmundicia*
(fr. *saletés*), propuesta como hipótesis por Ph. de Suarez:
Metanoia, 1975.

Logion 94

Jesús ha dicho:
El que busque encontrará
y al que llame se le abrirá.

Logion 95

Jesús ha dicho:
Si tenéis dinero,
no lo deis con usura,
sino dadlo a aquel
de quien no lo recibiréis.

LOGION 96

Jesús ha dicho:
El Reino del Padre es parecido a una mujer
que ha tomado un poco de levadura,
la ha escondido en la masa
y ha hecho con ella grandes panes.
¡Que aquel que tenga oídos oiga!

LOGION 97

Jesús ha dicho:
El Reino del Padre
es semejante a una mujer que lleva
una jarra llena de harina.
Mientras anda por un camino lejano,
el asa de la jarra se rompe y la harina
se derrama detrás de ella sobre el camino.
No se da cuenta y no descubre la desgracia.
Cuando llega a su casa, pone la jarra en el
suelo y la encuentra vacía.

LOGION 98

Jesús ha dicho:
El Reino del Padre es semejante
a un hombre que quiso matar
a un gran personaje.
Sacó la espada en su casa
y la hundió en el muro a fin de saber
si su mano era segura:
entonces mató al gran personaje.

LOGION 99

Los discípulos le dijeron:
Tus hermanos y tu madre están fuera.
Él les dijo:
Los que están aquí
cumplen la voluntad de mi Padre;
estos son mis hermanos y mi madre.
Ellos son quienes entrarán
en el Reino de mi Padre.

LOGION 100

Enseñaron a Jesús
una moneda de oro y le dijeron:
Las gentes del César
exigen de nosotros los tributos.
Él les dijo:
Dad al César lo que es del César;
dad a Dios lo que es de Dios,
y lo que es mío, dádmelo.

LOGION 101

Jesús ha dicho:
El que no odie a su Padre
y a su madre como yo
no podrá ser mi discípulo;
y el que no ame a su Padre y a su madre
como yo no podrá ser mi discípulo.
Pues mi madre me ha engendrado,
pero mi madre verdadera
me ha dado la vida.

LOGION 102

Jesús ha dicho:
¡Ay de ellos, los fariseos,
pues se parecen a un perro
que está acostado sobre el pesebre
de los bueyes!
Ni come,
ni deja comer a los bueyes.

LOGION 103

Jesús ha dicho:
Bienaventurado el hombre que sabe
en qué momento de la noche
vendrán los ladrones,
de manera que se levantará,
reunirá su fuerza[49] y se ceñirá los riñones,
antes que entren.

---

49 *Fuerza* (conjetural).

LOGION 104

Ellos le dijeron:
Ven, oremos hoy y ayunemos.
Jesús dijo:
¿Cuál es el pecado que he cometido,
o en qué he sido vencido?
Cuando el esposo haya salido
de la cámara nupcial, entonces,
¡que ellos ayunen y recen!

LOGION 105

Jesús ha dicho:
El que conozca a su padre y a su madre
será llamado hijo de prostituta.

LOGION 106

Jesús ha dicho:
Cuando hagáis del dos Uno,
os volveréis Hijo del Hombre,
y cuando digáis:
Montaña muévete,
ella se moverá.

LOGION 107

Jesús ha dicho:
El Reino es semejante a un pastor
que tenía cien ovejas.
Una de ellas, la más gruesa, se perdió.
Él abandonó a las noventa y nueve y buscó
la única[50] hasta encontrarla.
Cuando hubo pasado la pena,
dijo a la oveja:
te amo más que a las noventa y nueve.

---

50 Única, según Philippe de Suarez. El grupo Brill y B.
J. leen *sola*.

LOGION 108

Jesús ha dicho:
El que abreve en mi boca
se volverá como yo,
y yo también me volveré él;
y lo que está oculto se revelará.

LOGION 109

Jesús ha dicho:
El Reino es semejante a un hombre
que tenía en su campo un tesoro
escondido que no conocía.
Cuando murió, lo dejó a su hijo.
El hijo no sabía nada;
tomó posesión del campo y lo vendió.
El que lo había comprado vino
y trabajándolo encontró el tesoro
y comenzó a prestar dinero
a usura[51] a quien él quiso.

---

51 Patterson y Robinson y Bauman lo traducen como
"interés".

LOGION 110

Jesús ha dicho:
Que aquel que ha encontrado el mundo
y se ha hecho rico,
pueda renunciar al mundo.

LOGION 111

Jesús ha dicho:
Los cielos pasarán y
la tierra, en vuestra presencia;
y el Viviente salido del Viviente
no conocerá ni muerte ni temor.
Por eso dice Jesús:
No es digno el mundo
de aquel que se encuentra a sí mismo[52].

---

52 La construcción literal, defectuosa en castellano, es:
El que se encuentra a sí mismo, el mundo no es digno de él.

LOGION 112

Jesús ha dicho:
¡Ay de la carne que depende del alma!
¡Ay del alma que depende de la carne!

LOGION 113

Sus discípulos le dijeron:
El Reino, ¿qué día vendrá?
Jesús dijo:
No vendrá con una espera.
No se dirá: Ya está aquí o ya está allí,
sino que el Reino del Padre
está esparcido sobre la tierra
y los hombres no lo ven.

LOGION 114

Simón Pedro le dijo:
Que María salga de en medio de nosotros;
pues las mujeres no son dignas de la vida.
Jesús dijo:
Yo la guiaré a fin de hacerla varón,
para que ella se vuelva, también,
un espíritu viviente,
semejante a vosotros, varones.
Pues toda mujer que se haga varón
entrará en el Reino de los cielos.

ANEXOS

SOBRE ROBERTO PLA

ROBERTO PLA SALES (Valencia 16/12/1915 – Madrid 17/2/2004). Nació en Valencia y vivió en Madrid desde los tres años. Al parecer, en su casa había una gran biblioteca por medio de la cual aprendió el sánscrito. Si bien dio algunas conferencias, no ejerció propiamente de maestro en textos de sabiduría, no tuvo escuelas ni seguidores formales. Seguramente las relaciones más cercanas en este sentido las tuvo con el Profesor Lahiry y con Esperanza Borús, fruto de las cuales nos quedan sus instructivas cartas[53].

Según dicen quienes le conocieron, Roberto era una persona muy discreta y sencilla, de carácter apacible. Curiosamente, personas que tenían trato con él en el ámbito de la música no sabían nada de su otra pasión. Además de su relación de amistad y estrecha colaboración con Lola Rodríguez Aragón, mantuvo una amistad profunda, compartiendo también intereses espirituales, con José Manuel Vidal, fundador de Hispavox.

Roberto estuvo casado con la pianista Carmen Pardos Navarro, que falleció tres

---

53 Ver la recopilación de escritos de Roberto Pla "Las enseñanzas del Vedanta Advaita", Editorial Sanz Torres, colección Ignitus, cuyo Pdf está disponible en la web www.robertopla.com.

años antes que él, en la misma residencia donde Roberto pasó los últimos años de su vida, entrando progresivamente en un gran silencio hasta apagarse. No tuvieron descendencia de su matrimonio.

ACTIVIDAD EN EL ÁMBITO DE LA MÚSICA

Estudió en el Real Conservatorio de Madrid donde durante muchos años fue Profesor de Solfeo y Teoría Musical. Fue fundador y director del Coro de Cantores Clásicos (hoy Coro de RTVE). Mantuvo una colaboración muy cercana con la soprano Lola Rodríguez de Aragón, a quien ayudó en la formación y funcionamiento de la Escuela Superior de Canto, de la que sucesivamente fueron directores y en la que fue catedrático de musicología. También promovió y dirigió el Certamen de Cantos y Romanzas. Fue parte en la constitución de la Fundación Nacional de Arte Lírico y la Orquesta Nacional. También ejerció la dirección de los programas musicales de Radio Nacional.

Con el sello Hispavox, del que fue director musical, dirigió muchas grabaciones de zarzuela, música antigua española y canto gregoriano, sobresaliendo entre ellas la importante "Antología de la música hispana". Realizó la "Transcripción integral según la métrica latina, de las Cantigas de Santa María" de Alfonso X.

Actividad como escritor, comentador y traductor de textos de sabiduría

Roberto Pla tradujo y comentó ampliamente los siguientes Libros de Sabiduría oriental y sufí:

- *Viveka–Suda–Mani: La joya suprema del discernimiento* (Sankara, Sirio);
- *Tao Te King* (Lao Tse, Diana);
- *Kârikâ and comments on the Mândûkyopanishada* (Sirio);
- *Un Yoga para Occidente: Arparshayoga* (J. M Riviere, Etnos);
- *Odas Sagradas de Salomón* (Nous);
- *Tratado de la Unidad* (Ibn Arabi, Sirio);
- *Bhagavad Gita* (Olañeta).

En 1990 se publicó su última y gran obra: "El hombre templo de Dios vivo, exégesis oculta de la religión de Cristo a partir de comentarios al evangelio según Tomas".

En 1997 se publicó la Bhagavad Gita, cuya traducción realizó un grupo de personas (ver web). Roberto contribuyó puliendo el estilo y escribiendo los comentarios.

Publicó diversos artículos reproducidos en la publicación citada y en su página web.

Como escribe en la citada web Esperanza Borús, "Roberto fue uno de esos maestros que apenas se dejan ver. No nació para ser un maestro de multitudes ni para crear doctrina o método alguno de conocimiento, sino que se ciñó con fidelidad y auténtica devoción a la vieja tradición advaita cuya espiritualidad se trasluce en la entrega de su vida y en la pureza y altura de su pensamiento.

Siempre son los pocos los que abren su oído interno y su corazón a la Verdad, pero Roberto sabía que esos pocos merecen una ayuda y un acompañamiento en el camino de autodescubrimiento y así respondía con sencillez y generosidad al requerimiento de quienes buscaban su enseñanza.

En el campo de la espiritualidad, sus apariciones públicas fueron escasas. No gustaba de grupos grandes, tan solo deseaba compartir sus más íntimas reflexiones con unas cuantas, pocas, personas interesadas.

Vivir en intimidad con uno mismo necesita de cierto grado de soledad y silencio, y la vía que Roberto encontró para expresar su amor al mundo fue sobre todo a través de su obra escrita, pero también en ella desaparece, convirtiéndose en mero amanuense y comentador de obras clásicas pertenecientes a diferentes tradiciones religiosas. Tal sucede en el caso del «Viveka Suda Mani. La joya suprema del discernimiento», cuyos humildes comentarios a pie de página forman un cuerpo de reflexiones tan lúcidas y claras que son un tratado en sí mismas y que merecen igual interés que el propio texto del gran Sankara".

VIDA INTERIOR

Estando terminando "El Hombre Templo de Dios Vivo" conoció Roberto Pla al Profesor Lahiry, de Benarés, con ocasión de una visita que este último hacía a Madrid. Como consecuencia de los encuentros que tuvieron lugar, se estableció entre ellos una entrañable amistad a la que siguió una correspondencia de la que nos parece esclarecedor reproducir algunos fragmentos.

En octubre de 1988 Roberto Pla escribió:

"Mi amado hermano, por ahora cumplo mi karma de escribir un libro por el que doy salida a dos proyectos profundos: resucitar en lo posible la verdad de lo que Jesucristo dijo escribiendo una elegía, una pequeña flor a él dedicada por sus trabajos de amor perdidos. Dedicar un pequeño esfuerzo de amor por estos hombres de occidente, estos llamados cristianos, que fueron privados de recibir la hermosa realización de la Conciencia Pura que Jesucristo explicó para ellos".

En febrero de 1989 el Prof. Lahiry escribió:

"...Estoy contento sabiendo que ya has terminado el libro que estabas escribiendo sobre las enseñanzas auténticas de Jesucristo. Ahora, para ti, ya es tiempo de permanecer inmerso en la Paz Suprema, el estado más allá de las cualidades y de la dualidad, en la Unión Perfecta más allá del Conocimiento, el Conocedor y lo Conocido".

En mayo de 1989 Roberto Pla escribió:

"Mi querido hermano, tan pronto como hube terminado mi libro sobre lo que pienso que fue la verdadera enseñanza de Jesús, pude, en efecto, tratar de vivir sumergido en la paz del silencio interior. Así lo hice.

Ahora bien, desde hace unos quince días se ha producido un cambio interior que... me ha hecho girar por entero mi manera de contemplar el mundo y que no me quita la paz, sino que parece haberla hecho permanente, estable, fija, pues me mueve a vivir en adoración constante de Eso, del Ser que soy y Es.

Trataré de explicarme. Durante muchos años, consistió la esencia de mi meditación en objetivar la mente y sin duda esa objetivación me ayudó a comprender y practicar que no existe un yo psicológico, anclado en la mente. Después comprendí que lo que llamamos mente no es más que una sucesión de pensamientos y esta comprensión significó la destrucción de la mente; pero aun así, el pensamiento o la contemplación silenciosa que a veces se producía, era desde la mente...

...Pero ahora todo ha cambiado de dirección, un cambio radical que ha venido por sí solo, casi de repente, sin luces mágicas, ni estado emocional nuevo y que responde con precisión y en verdad a la locución Yo Soy Eso. Cuando estoy en silencio, sumergido en mi paz consciente, o cuando vivo, hablo, escribo, pienso, Yo Soy siempre Eso y no porque pienso o creo que Soy Eso, sino porque Eso es el fondo absoluto, eterno y permanente de mí mismo, de lo que Soy. En tal circunstancia, no busco a Brahman, porque soy Brahman, ni trato de hallar la felicidad, porque soy la felicidad...

Me importa explicarte que este del que hablo no es un estado anormal, exaltado, pues ninguna otra cosa ha cambiado. En realidad nada veo. No hay luces, ni percepciones de ninguna clase. Tampoco soy más sabio, ni un hombre realizado, etc... Lo único que podría decirte es que siempre estuve en una orilla y ahora estoy en la otra, eterna, perfecta, permanente, para siempre. En cuanto al paisaje de esta nueva orilla, no lo conozco; lo único que me parece es que está hecho de amor, de unidad con todo y de humildad. Solo, cuando miro mi mente, me río de mí mismo por haber estado durante tantos años identificado con ella, creyendo que era yo..."

En febrero de 1990 Roberto Pla escribió:

"Mi querido hermano, he tardado varios meses en contestar a tu inapreciable carta

porque quería ser cauteloso en mi respuesta.
Hoy te puedo confirmar que tu apelación a
Gita VII, 19 fue una previsión exacta y maravillosa de lo que en ese momento era bueno que se me dijera. Puedo explicarte que
mi conciencia encuentra ahora su refugio en
ESO como un *s´arana gata* humilde y recién
nacido; cuando por inadvertencia se desliza
hacia el yo, vuelve sobre sí misma a ese hue-
co interior que es su casa verdadera. Desde
ahí, la llama de la lámpara arde inalterable
cuando no hay viento y entonces transcurre,
atemporal, un Dhyân Mârga insospechado.
¿Y qué otra cosa puedo decirte desde el seno
de esta alegría nueva, cuando como ahora,
avivado por tu recuerdo, me invade el amor
de ESO?"

En marzo de 1990 el Prof. Lahiry escribió:

"Mi querido y bien amado hermano.
Estoy extraordinariamente feliz al haber re-
cibido tu maravillosa carta. Quiera Dios en
Su Infinita Gracia, estabilizarte en el Estado
Estable que EL (ESO) ES. ¿Qué más nece-
sita (o puede) ser escrito?"

En octubre de 1991 Roberto Pla escribió:

"Mi querido hermano, observo que la
poca frecuencia de mis cartas no interrumpe
nuestra bien amada comunicación. También

compruebo que cuando el pensamiento funciona como simple pensamiento mecánico, libre de toda intromisión del pensador, es decir, sin sujeto, sin deseo de llegar a ser, es entonces un pensamiento que cesa fácilmente y que jamás rompe el Silencio que todo lo comunica. Me gusta decirte que del Silencio -de ESO-, parece emanar en ocasiones un sabda, un sonido o saber no transformable en conocimiento del intelecto: una realidad de la conciencia ¿chit?, que hace más intensa la Paz sin límites".

En enero de 1992 el Prof. Lahiry escribió:

"...Todo lo que has escrito en tu carta es absolutamente cierto. Mi bisabuelo ha escrito: "Si piensas en Aquel que piensa, entonces, ¿dónde está el pensamiento?" En tal estado uno puede decir (con Ramana Maharshi): "El Silencio es el lenguaje del Ser". Y el "Anahata Shabda", el sonido sin origen (literalmente no golpeado), también es el lenguaje del Ser. Mi bisabuelo ha dicho: "Desear es la única atadura"; la cesación espontánea y natural de todos los deseos es la Liberación en Vida (Jivanmukti). Este es un estado en el que la triada de Conocimiento, Conocedor y lo Conocido no existe. Este es el estado post-meditación, el Asparsha del Mandukya, el "Yo y mi Padre somos Uno", de Jesucristo".

En noviembre de 1994 Roberto Pla escribió:

"Mi querido hermano, ocurre que ESO se hace presente en los pensamientos, y aún más adentro, en la conciencia, como Presencia real, única y permanente de un uno mismo universal. Todo es ESO y verlo en todo y en todos es una realidad hermosa, una Plenitud inexplicable, no buscada ni imaginada, que viene y vive por sí sola. Me complace vivir ese amor sin límites..."

En noviembre de1994 el Prof. Lahiry escribió:

"Mi querido y bien amado hermano, gracias por tu hermosa carta del pasado 2 de Noviembre. (Escrito en español por el Prof. Lahiry) "AL TÉRMINO DE MUCHAS VIDAS, EL GNANI SE REFUGIA EN MÍ, PUES DESCUBRE QUE VASUDEVA ES TODO LO QUE EXISTE. DIFÍCIL DE ENCONTRAR ES, EN VERDAD, TAL MAHATMAN" (GITA VII-19) Con profundo reconocimiento a ESE VASUDEVA, e infinito amor a los disfraces con los nombres y formas de Roberto Pla y Carmen..."

Algunas Reseñas

Sobre el libro el hombre templo de Dios vivo. Exégesis oculta de la religión de Cristo según el Evangelio de Tomás.

Javier Alvarado

El Evangelio de Tomás es una recopilación de dichos de Jesús que, en buena parte, también se encuentran en los evangelios canónicos. Como es sabido, los evangelios (incluidos los denominados apócrifos) pueden ser interpretados desde diversos aspectos, los más corrientes de los cuales son los puntos de vista histórico, moral y religioso. Pero todas las interpretaciones penden y se "unifican" en la clave espiritual o metafísica, que es superior a todas ellas. Esa es precisamente la clave que ha utilizado Roberto Pla (1915-2004) con excepcional maestría para explicar la esencia del cristianismo primitivo (e igualmente de la tradición judía). Si bien este libro comenta y desentraña el Evangelio de Tomás, son de destacar los «paralelos» e interpretación «oculta» de los evangelios canónicos que efectúa el maestro Roberto. En este sentido, la obra de Roberto Pla es una de las más certeras y luminosas interpretaciones de la doctrina original de Jesucristo, por lo que su lectura constituye un verdadero descubrimiento y deleite. En muchos párrafos se percibe claramente que la obra ha sido escrita por quien fue un comprehensor de su naturaleza real. Igualmente, dada la vinculación advaita del maestro Roberto, también se adivina que, al escribir algunas páginas, hubo de resistir la tentación de dejar constancia de ciertas similitudes del cristianismo primitivo con las doctrinas hindúes, especialmente el vedanta. En suma, la «música» que rezuma de los poros del libro de Roberto resulta «angelical».

PAUL TAYLOR

This commentary on Thomas's Gospel by Roberto Pla is an extraordinary work. Not only does the commentary open up an understanding of Thomas's Gospel , a text which challenges every reader I have ever spoken to but it , at the same time , opens up the New Testament to depths that are both challenging and incredibly profound.

I discovered this book while on retreat at Bonnevaux, the Christian Meditation Centre in central France. It began to percolate inside me immediately. Not just when I was reading it but throughout the whole day. It took me about 5 months to read it in its entirety and this sense of something percolating deep inside me has never left me. It has been one of the great reads of my life. I have started reading again and I expect it will be something I will do as long as I live.

Why it has affected me so deeply is a mystery in one way but in another it stems from the way it re presents the gift of what Jesus is offering each and everyone of us in a way that is truly beyond our wildest expectations.

This book is a spiritual masterpiece and I can not recommend it highly enough to all who really wonder what is the point of this gift of life which we have all been lucky enough to receive.

Fernando Beltrán

Aunque en rigor, asimilar el contenido de la obra de Roberto Pla requeriría un trabajo de atención no menor al suyo, tras una primera inmersión en sus páginas, no puedo sino mostrar mi mayor gratitud y asombro ante un autor de cualidad única por su trabajo que, si bien desborda mi propia capacidad para comprender y discernir el alcance del mismo plenamente, acerca las enseñanzas del cristianismo al corazón de cuantas personas se sientan llamadas a ese estudio "en el que -en sus propias palabras- el investigador se identifica con la cosa investigada de forma tan entrañada... que el conocimiento y la cosa conocida pierden su significación separada...", invitando de ese modo a hacer del mismo una práctica de vida, una disposición de apertura interior y un trabajo de amor y de conciencia. Por otro lado, como él mismo afirmaba, "un proyecto como este no puede, ni podrá, darse jamás por concluido..." Me he sentido profundamente conmovido por el propósito que le animó a emprender tan noble proyecto, desde su condición de ser humano y "templo de Dios vivo": "despertar el amor hacia el Cristo completo", el que murió por nosotros y el Cristo eterno.

ESPERANZA BORÚS

...Merece una mención especial uno de sus últimos trabajos «El hombre templo de Dios vivo», sobre el evangelio de Tomás, donde el lector recibe en cada página leída un soplo de conocimiento y vida renovadas que tiene en nosotros la resonancia de una verdad oculta, pero siempre presentida.

JAVIER LANTERO

Para mí este es un libro excepcional porque tiene la capacidad de comunicar un sentido renovado al cristianismo a través de una lectura interiorizada de todo su mensaje. La amplitud y consistencia de esta lectura hacen que el libro sea tremendamente original, creo que único.

Desde que lo descubrí, hace unos diez años, el libro ha venido a ser un compañero con el que en cada encuentro me maravillo, tanto por la verdad sentida del conocimiento que trasmite como por la belleza, impregnada de vivencia, de su escritura. Ambos aspectos forman una alianza y proporcionan un texto que conmueve.

ORACIÓN DE LA UNIDAD

Concédenos, Señor, la conciencia absoluta
y eterna de la Unidad.
Que nuestros pensamientos, palabras y actos sean
siempre Sus pensamientos, Sus palabras y Sus actos.
Que la mutación de nuestra conciencia en la Suya
no nos haga sentirnos elegidos Suyos.

Concédenos, Señor, morir para los atributos
al fin y para siempre.
Que la nada nos acoja y pacifique.
Que no florezca en nosotros la Unidad,
solo que la Unidad sea,
para que no aparezca manchada con la sombra nuestra.

Concédenos, Señor, que cese nuestra mente
por la muerte real o figurada.
Que algo de la mente recuerde cuando cese
que la mente suspendida es la Unidad.
Que la mente sepa y no olvide que, cuando cesa,
ella eres Tú.

Concédenos, Señor, que conozcamos
que todo nos ha sido concedido en el principio.
Que seamos felices con la felicidad que somos.
Que conozcamos con el conocimiento que somos.
Que amemos con la llama de amor que somos.

Concédenos, Señor, lo único que aún no
nos tienes concedido:
¡Que el Señor reconozca al Señor, en el Señor!

ROBERTO PLA

Se puede encontrar más información en:

WWW.ROBERTOPLA.COM

WWW.EVANGELIODETOMAS-INTERPRETACION.COM

EDITADO EN LA MONTAÑA DE LOS ÁNGELES

SOLSTICIO DE VERANO 2024

∴

LOS BENEFICIOS EDITORIALES DE ESTA OBRA VAN DESTINADOS
A LA FUNDACIÓN DHARANA Y SUS PROYECTOS.

WWW.DHARANA.ORG